Theo Lehmann
Mensch, wenn du wüßtest

Theo Lehmann

Mensch, wenn du wüßtest!

Reden für junge Leute

Aussaat Verlag Neukirchen-Vluyn

ABCteam-Bücher erscheinen in folgenden Verlagen:
Aussaat Verlag Neukirchen-Vluyn
R. Brockhaus Verlag Wuppertal und Zürich
Brunnen Verlag Gießen (und Brunnquell-Verlag)
Christliches Verlagshaus Stuttgart
(und Evangelischer Missionsverlag)
Oncken Verlag Wuppertal und Kassel

2. Auflage 1994

Titelgestaltung: Meussen/Künert, Essen
Satz: DTP/Aussaat
Druck: Breklumer Druckerei Manfred Siegel KG
Printed in Germany
ISBN 3-7615-3476-0
Bestellnummer 113 476

Inhalt

Vergiß den ganzen Schwindel!

Johannes 11,1-45 14. April 1991

Tünnes und Scheel liegen im Schützengraben. Es ist Feuerpause. Es weht ein leises Lüftchen. Da sagt der Tünnes zum Scheel: „Scheel, bist du tot?" „Nee, warum?" „Du stinkst so."

Alle Witze und flapsigen Bemerkungen über den Tod haben nur eines im Sinn: die unerträglich harte Wirklichkeit des Todes zu entschärfen. Wer tot ist, stinkt. Das Härteste am Tod ist, daß er unausweichlich alle trifft. Alle Menschen wissen, daß sie sterben müssen. Und fast alle wissen, daß mit dem Tod nicht alles aus ist. Irgendwas bleibt, irgendwas kommt, irgendwas ist nach dem Tod noch da oder passiert noch – das ahnen fast alle Menschen.

In diesem Jahr fand eine Ausstellung über Totengebräuche statt. Da hat sich herausgestellt: In der gesamten Menschheitsgeschichte gab es noch nie eine Kultur, eine Religion, eine Zeit ohne einen Glauben an ein Weiterleben nach dem Tod. Die einzige Ausnahme bildet das putzige Völkchen der Atheisten, im Vergleich zur übrigen Menschheit eine winzige Minderheit. Die Atheisten glauben: mit dem Tod ist Sense. Ansonsten hat gerade in unserer Zeit der Glaube an ein Weiterleben nach dem Tod Hochkonjunktur, und Erfahrungsberichte „ehemals Toter" sind Bestseller. Viele, wie die Anthroposophen oder wie die Nina Hagen, glauben an die Reinkarnation, die Seelenwanderung. Die sind davon überzeugt, daß sie früher schon mal auf dieser Erde gelebt haben, als irgend jemand anderes. Also: Ich war im Mittelalter der Pfarrer von Mantua und bin jetzt Fahrer von Manta. Ich war Helferin in der Frauenabteilung von Irrsinnigen und bin jetzt Frau Hella von Sinnen. Ich war Mönch in Tibet und bin jetzt Maus in Theos Bett. Diese Lehre von der Seelenwanderung stammt aus Indien, aus dem Hinduismus. Dort gilt die Seelenwanderung als Strafe. Bei uns, besonders durch die Beatles und durch das Musical Hair bekannt gemacht, gilt sie mehr als Belohnung. In jedem Fall gilt: Die Lehre von der Seelenwanderung ist ein großer Betrug, ein tödlicher Irrtum, eine gefährliche Irrlehre.

Hauptsache gerettet!

Der ganze Reinkarnationsschwindel wird durch einen einzigen biblischen Satz aus den Angeln gehoben. Der Satz steht im Hebräerbrief 9,27, dort sagt die Bibel: „Es ist den Menschen bestimmt, einmal zu sterben, danach aber das Gericht." Das ist nun aber ein Gedanke, der für viele noch schwerer zu ertragen ist als der Gedanke an den Tod. Denn wenn es wirklich ein Gericht gibt, wenn unser Leben noch einmal durchgecheckt wird, wenn wir für alles, was wir getan oder unterlassen haben, vor Gott Rechenschaft geben müssen, dann müßten wir uns ja jetzt darauf einstellen. Dann müßten wir ja unser ganzes Leben immer im Blick auf dieses Gericht führen. Dann müßte unser oberster Grundsatz nicht heißen „Hauptsache gesund", sondern „Hauptsache gerettet". Dann müßte die wichtigste Frage nicht lauten: „Wie kriege ich mein Leben möglichst gut hin?", sondern „Wie kriege ich es hin, daß Gott im Gericht gut zu mir ist? Wie kriege ich einen gnädigen Gott?"
Und tatsächlich ist das die wichtigste Frage des Lebens, denn dein Leben endet vor Gott. Weil aber viele Menschen dem Ernst dieser Frage nicht standhalten wollen, weil sie sich vor Gott nicht verantworten wollen, weil sie den Gedanken an ein Gericht nicht wahrhaben wollen, haben sie sich die verschiedensten Tricks ausgedacht, um den Tod zu verharmlosen. Die neueste Masche ist das Gerede vom „schönen Tod" bei den New-Age-Fans. So hat es in den letzten Jahren eine Flut von Büchern gegeben, in denen Menschen, die angeblich klinisch tot waren, ihre Er-

lebnisse von drüben erzählen. Die reden aber nicht von einem ernsten Gericht, sondern von einem hellen Licht: Die meisten dieser Berichte laufen nach dem gleichen Schema ab, ich lese euch mal einen vor:
„Ich fand mich im Dunkeln, im Innern eines spiralförmigen Tunnels... Weit am Ende des Tunnels... sah ich ein helles Licht. Da begann jemand zu mir zu sprechen... Er begann, mir den Sinn des Lebens zu erklären... Ich wußte nun alles, und durch die Kenntnisse... wurde mir unbeschreiblich leicht zumute. Denn sie erfüllten mich mit Frieden und Glück."
Dazu möchte ich zweierlei sagen: erstens, daß es diese Erfahrungen – positive und negative – subjektiv wirklich gibt, ist nicht zu bestreiten. Zweitens, es ist aber zu bestreiten, daß es sich hier um Erfahrungen von Menschen handelt, die tot waren. Tot ist einer, wenn er nicht mehr reanimiert, also wiederbelebt werden kann. Wer solche Stories vom Lichttunnel erzählt, ist aber ein Reanimierter. Der war also gerade nicht tot, sondern nur dem Tode nahe. Das ganze New-Age-Geschwafel vom „schönen Tod" ist Larifari, harmonischer Zuckerguß, der den schrecklichen Tod versüßen und verkleistern soll, die Wirklichkeit ist anders. Die Bibel beschreibt sie in ihrer nüchternen Härte mit einem Satz: „Es ist den Menschen bestimmt, einmal zu sterben, danach aber das Gericht." Das ist eine eiserne Regel, und du tust gut daran, dich danach zu richten.

Keine Regel ohne Ausnahme

Nun sagt aber das Sprichwort: „Keine Regel ohne Ausnahme." Tatsächlich berichtet uns die Bibel einige solcher Ausnahmen, wo Menschen, die tot waren, wieder lebendig geworden sind – für kurze Zeit (sie sind später ja wieder gestorben), aber immerhin. Den krassesten Fall dieser Art erzähle ich euch heute. Ihr könnt das nachlesen im Johannesevangelium, Kapitel 11.

Es geht los mit Vers 1: „Es lag aber einer krank..." Dieser Satz bezieht sich auf einen ganz bestimmten Menschen. Wir kennen seinen Namen: Lazarus. Wir kennen den Namen seiner Schwestern: Maria und Martha. Wir kennen den Namen seines Wohnortes: Bethanien, eine halbe Stunde von Jerusalem entfernt. Aber diesen Satz „Es lag einer krank" kann man auch ganz allgemein auf die Menschheit beziehen. Überall, wo Menschen sind, ist jemand krank. Heute muß man sogar sagen: nicht nur einzelne Menschen sind krank, sondern ganze Völker, ja die ganze Menschheit. Die Probleme wachsen uns über den Kopf, alles wird immer schwieriger, immer mehr Menschen haben den Eindruck: Es geht alles kaputt, und das Weltende steht bevor.

Da laß mal den Mechaniker ran

Nun sagt aber die Bibel, daß Gott die Welt liebt. Und deshalb wenden wir Christen uns immer wieder an Gott mit der Bitte: Komm, hilf. Aber wir haben immer wieder den Eindruck: Er kommt nicht. Er hört nicht. Er hilft nicht. So ging es den beiden Frauen Martha und Maria. Ihr Bruder ist krank. Und weil sie wissen, daß er mit Jesus eng befreundet ist, schicken sie an den eine Botschaft, Vers 3: „Herr, siehe, der, den du liebhast, liegt krank." Mehr sagen sie nicht, und mehr ist auch nicht nötig. Unter Freunden braucht man nicht viele Worte.

Georg Danzer sagt: „Für mich ist ein Freund ein Typ, mit dem ich unter dem Auto liege und die Hand ausstrecke, und es liegt – ohne daß ich noch sagen muß: 'Den Dreizehner bitte' – der Dreizehner-Schraubenschlüssel in meiner Hand."

So ein Freund ist unser Jesus. Maria und Martha müssen nicht erst umständlich erklären: „Mach bitte einen Krankenbesuch, hilf dem Lazarus." Die sagen nur: „Dein Freund ist krank." Sie wissen, daß Jesus weiß, was er zu tun hat. Sie strecken sozusagen nur die Hand aus.

Es ist nicht nötig, daß du in deinen Gebeten viele und große Worte machst. Es genügt, wenn du die Hand ausstreckst, wenn du an Jesus eine kurze Botschaft losläßt. Und es ist absolut unnötig, ihm etwa konkret vorzuschreiben, wie er dir helfen soll. Du liegst sozusagen unter dem kaputten Auto. Du leidest unter einem Problem, das dich belastet, dich bedrückt. Du hast nicht den Durchblick. Jesus hat den Überblick. Er steht über dem Problem. Er hat den Schlüssel zu deinem Problem. Aber das ist nicht immer der Dreizehner! Manchmal heißt der Schlüssel zu deinem Problem: 14 Tage warten. 17 neue Versuche starten. 21mal vergeben oder, was meistens die Lösung ist, noch mal von vorn anfangen, neu geboren werden. Beten heißt nicht, Jesus vorschreiben, wie er helfen soll. Beten heißt: die Hand ausstrecken und warten, daß er handelt.

Es geht hart auf hart

„Der, den du liebhast, ist krank." Das ist das ganze Gebet, die ganze Botschaft. Die beiden Frauen machen Jesus also keine Vorschriften und auch keine Vorwürfe, so wie die Leute, die, sobald sie krank werden, Gott vorwerfen: „Das nennst du Liebe? Wenn du diese Krankheit zuläßt, dann kannst du mich ja gar nicht lieben." Die beiden zweifeln nicht an Gottes Liebe, im Gegenteil, sie berufen sich darauf: „Der, den du liebhast, ist krank."
Ich habe mir auch schon x-mal den Vorwurf anhören müssen: „Es gibt Leid, Krankheit und Schmerzen – das ist der Beweis, daß es Gottes Liebe nicht gibt, ja daß es gar keinen Gott gibt." Solche Gedanken werden nicht nur von ungläubigen Spöttern geäußert. Wenn du dich vor Schmerzen auf deinem Bett krümmst oder am Bett eines Sterbenden stehst, den du nicht hergeben möchtest, dann hast du genau die gleichen Gedanken. Du mußt dich deswegen nicht schämen. Es gibt teuflische Schmerzen, die bringen manchen Glauben zum Schmelzen. Aber du mußt wissen: Es ist im-

mer der Teufel, der dich an Gottes Liebe zweifeln läßt. Ich kann dir nur raten: Halte dich an dem fest, was Gott sagt, und er sagt: „Ich habe dich schon immer geliebt." Jesus liebt dich, auch wenn du krank bist. Jesus liebt dich, auch wenn du arbeitslos, heimatlos, hoffnungslos bist. Jesus hört dein Gebet, auch wenn er es anders beantwortet, als du denkst.

Ganze Kompanie kehrt!

Als das Gebet der Schwestern vom Lazarus bei Jesus ankam, war Jesus weit weg. Sein Ziel war: möglichst weit weg von Bethanien. Aus der Gegend kam er nämlich gerade, und dort hatten sie gerade zweimal versucht, ihn zu steinigen. Steinigen heißt: von einer fanatischen Volksmenge auf offener Straße mit Steinen zusammengeschossen werden – wie ein räudiger Hund. Wenn das die Leute mit dir machen wollen, dann weißt du, was Todesangst ist. Was Todesangst ist, das wußte Jesus schon, bevor sich Lazarus aufs Krankenbett legte. Denke nicht, daß Jesus deine Angst nicht kennt. Er hat sie längst vor dir am eigenen Leibe kennengelernt. Der Todesgefahr war er gerade entwischt. Da trifft ihn die Nachricht: Dein Freund Lazarus ist krank. Also auf deutsch: Komm zurück nach Bethanien! Wir warten auf dich! Jesus stoppt seine Flucht, kehrt aber nicht sofort um, sondern wartet erst mal zwei Tage. Als er dann seinen Jüngern mitteilt: „Kommando kehrt! Alles zurück nach Bethanien!", gehen die natürlich auf die Barrikaden, Vers 8: „Vor kurzem erst wollten sie dich dort steinigen, und jetzt willst du wieder dorthin?" Das ist ja glatter Selbstmord!

Ein Ende in alle Ewigkeit?

Jesus läßt sich nicht beirren. Es geht ihm ja nicht darum, sich selber vor dem Tod zu retten, sondern Lazarus vom

Tod zu retten. Denn er weiß inzwischen, daß Lazarus gestorben ist. Woher, weiß ich nicht. Er weiß es eben. Und das möchte er den Jüngern schonend beibringen, indem er sagt, Vers 11: „Lazarus, unser Freund, schläft, aber ich gehe hin, ihn aufzuwecken." Darauf die Jünger: „Einwandfrei! Wenn er schläft, wird's bald besser mit ihm. Schlafen ist gesund."

Es ist üblich, vom Sterben als vom Einschlafen zu reden. Das klingt nicht so brutal, das ist irgendwie freundlicher. Wir haben es mit dieser Verschleierung zur Meisterschaft gebracht. Im Golfkrieg zum Beispiel sah man nur Raketen durch die Luft sausen, dann gab's einen Feuerball, aber die Kinder, denen das den Kopf abgerissen hat, sah man nicht. Es hieß nur, es habe Verluste an Material und Menschen gegeben. Aber ab einem gewissen Zeitpunkt kann man die Wahrheit über den Tod nicht mehr in zarte Worte kleiden. Als die Jünger nicht kapieren, daß Jesus nicht vom Mittagsschlaf, sondern vom Tod spricht – Vers 14 –, „da sagte es ihnen Jesus frei heraus. Lazarus ist gestorben". So, da war's raus. Und jetzt Rückmarsch nach Bethanien, und dort stellt sich heraus: Lazarus liegt schon seit vier Tagen unter der Erde. Die Tür zu seinem Grab ist schon seit vier Tagen verschlossen. Hier paßt kein Dreizehner-Schlüssel. Hier ist alles zu spät.

Verse 20-27: *„Als Martha nun hörte, daß Jesus kommt, geht sie ihm entgegen; Maria aber blieb daheim sitzen. Da sprach Martha zu Jesus: Herr, wärest du hier gewesen, mein Bruder wäre nicht gestorben. Aber auch jetzt weiß ich: Was du bittest von Gott, das wird dir Gott geben. Jesus spricht zu ihr: Dein Bruder wird auferstehen. Martha spricht zu ihm: Ich weiß wohl, daß er auferstehen wird – bei der Auferstehung am Jüngsten Tage. Jesus spricht zu ihr: Ich bin die Auferstehung und das Leben. Wer an mich glaubt, der wird leben, auch wenn er stirbt; und wer da lebt und glaubt an mich, der wird nimmermehr sterben. Glaubst du das? Sie spricht zu ihm: Ja, Herr, ich glaube,* *daß du der Christus bist, der Sohn Gottes, der in die Welt gekommen ist."*

Ohne Glaube läuft gar nix

Glaubst du das? Das ist die entscheidende Frage auch für dich. Glaubst du, daß Jesus der Sohn Gottes ist? Wenn du das glaubst, dann hast du keine Schwierigkeiten zu glauben, daß Jesus Wunder tut, ja daß er Tote auferweckt, in deinem Leben Wunder tut, dein Leben, das dich anstinkt, neu machen kann.
Wenn du nicht glaubst, daß Jesus der Sohn Gottes ist, sondern nur ein guter Mensch oder Freund, dann bröckelt dein übriger Glaube dahin wie eine einstürzende Brücke, der man den tragenden Pfeiler weggerissen hat. Wenn du nicht glaubst, daß Jesus der Sohn Gottes ist, bist du kein Christ. Alles dreht sich um diese eine Frage: Glaubst du das?
Martha sagt: Ja, Herr, ich glaube. Dann kommt Maria dazu. Als Jesus sieht, wie sie heult und die anderen alle mit ihr, da packt ihn der Zorn über die Gemeinheit des Todes, über das Getöse, das die Menschen deswegen machen. Jetzt kommt Jesus in Fahrt, er fährt sie an, Vers 34: „Wo habt ihr ihn hingelegt? Sie antworteten ihm: Herr, komm und sieh es!" Und nun tritt Jesus an das Grab seines Freundes, und da kommen auch ihm die Tränen. Er ist eben nicht nur wahrer Gott, der über allen Dingen steht, sondern auch wahrer Mensch, der in allen Dingen mit uns leidet.

Und als Zugabe noch'n bißchen Leben

Und wieder packt ihn der Zorn, er tritt ans Grab, eine Höhle, vor die ein Stein gelegt ist, und sagt, Verse 39-45: *„Hebt den Stein weg! Spricht zu ihm Martha, die Schwester des Verstorbenen: Herr, er stinkt schon; denn er liegt seit vier Tagen. Jesus spricht zu ihr: Habe ich dir nicht gesagt:*

Wenn du glaubst, wirst du die Herrlichkeit Gottes sehen? Da hoben sie den Stein weg. Jesus aber hob seine Augen auf und sprach: Vater, ich danke dir, daß du mich erhört hast. Ich weiß, daß du mich allezeit hörst; aber um des Volkes willen, das umhersteht, sage ich's, damit sie glauben, daß du mich gesandt hast. Als er das gesagt hatte, rief er mit lauter Stimme: Lazarus, komm heraus! Und der Verstorbene kam heraus, gebunden mit Grabtüchern an Füßen und Händen, und sein Gesicht war verhüllt mit einem Schweißtuch. Jesus spricht zu ihnen: Löst die Binden und laßt ihn gehen. Viele nun von den Juden, die zu Maria gekommen waren und sahen, was Jesus tat, glaubten an ihn."

Aber eines Tages wird klar Schiff gemacht

Glaubst du das? Für die Menschen des 18. Jahrhunderts war dieses Kapitel ein rotes Tuch. Sie waren dafür zu aufgeklärt. Einer der berühmtesten Philosophen von damals, Baruch Spinoza, hat gesagt, er würde sein ganzes System drangeben, wenn er das glauben könnte. Na und du? Lebst du geistig immer noch in der Vorstellungswelt des 18. Jahrhunderts? Hängst du immer noch am philosophischen System eines Marx aus dem 19. Jahrhundert? Oder hängst du im New-Age-Denken des 20. Jahrhunderts?
Niemand kann uns sagen, ob es noch ein 21. Jahrhundert geben wird. Aber die Bibel sagt uns, daß es eine Auferstehung geben wird. Irgendwann, am Jüngsten Tag, wenn Jesus wiederkommen wird, wird auf den Friedhöfen aufgeräumt. Als erstes wird er seine Freunde, die Christen, aus ihren Gräbern rufen. Wirst du dabeisein? Die anderen müssen natürlich auch alle raus. Beim Morgenappell zur Ewigkeit kann keiner einfach in der Koje liegenbleiben, als ob ihn die Gerichtsposaune nichts anginge. Gelupft werden alle, und dann kommt für alle das Gericht. Die einen dürfen ihre Ewigkeit mit Jesus verbringen – das ist der Himmel. Die andern müssen ihre Ewigkeit ohne Jesus verbrin-

gen – das ist die Hölle. Und wo wirst du deine Ewigkeit verbringen?

Und nun zum Standpunkt deines Lebens

Ich erzähle hier keine kitzligen Friedhofsgeschichten, um dich auf das Science-Fiction-Programm des heutigen Fernsehabends einzustimmen. Ich erzähle dir die Geschichte von der Auferweckung des Lazarus, um dich auf deine Auferstehung vorzubereiten. Ich mache mir nicht die Mühe, dir das Wunder der Totenauferstehung zu erklären, denn da gibt's nichts zu erklären. Ich mache dich nur noch darauf aufmerksam, daß Lazarus keine Stories abläßt, wie es drüben war nach seinem Tod. Wir erfahren nicht, ob er irgendwas gehört oder gesehen hat. Das einzige, was wir erfahren, ist, daß er gehörig gestunken hat, weil er schon vier Tage in der Kiste gelegen hatte. Ob vier Tage Verwesung oder 40, ob 400 Jahre oder 4000 – für Jesus spielt das keine Rolle und für dich auch nicht. Das einzige, was nach deinem Tod noch eine Rolle spielt, ist die Frage, ob du an Jesus geglaubt hast. Daran entscheidet sich dein ewiges Schicksal, und deswegen frage ich dich, ob du dich schon für Jesus entschieden hast! Nach dem Tod wirst du nur dann zum Leben auferstehen, wenn du schon vor dem Tod zum Leben auferstanden bist. Verstehst du?
Von Natur aus, so sagt die Bibel, sind wir alle tot in unseren Sünden. Von Natur aus haben wir keine Beziehung zu Gott. Wir haben für ihn kein Herz, keine Zeit, wir brauchen ihn nicht, wir leben ohne ihn. Diesen Zustand nennt die Bibel: Tod.
Tot bist du, wenn du keine Beziehung zur Umwelt hast. Tot gegenüber Gott bist du, wenn du keine Beziehung zu ihm hast. In diesem Todeszustand befinden wir uns alle bis zu dem Moment, wo Jesus sein Machtwort spricht, wie damals am Grab von Lazarus.

Mit Jesus gibt's das Happy-End

Heute ruft Jesus dich raus aus dem Grab deiner Schuld, aus der Gruft deiner Sünde, aus dem Versteck deiner Vorurteile, aus der Höhle deiner Hoffnungslosigkeit. Selbst wenn du keine Hoffnung mehr hast für dich – Jesus hofft für dich! Selbst wenn dich dein Leben anstinkt – Jesus kann dein Leben neu machen! Wenn er den nach Verwesung stinkenden Lazarus runderneuert hat, hat er es auch drauf, dich neu zu machen, und dann geht's wieder rund in deinem Leben. Glaubst du das?
An die Auferstehung der Toten zu glauben heißt nicht nur glauben, daß du nach dem Tod auferstehst, sondern daß vor dem Tod Jesus zu dir steht. Jesus sagt hier von sich: Ich bin die Auferstehung. Die Auferstehung ist also nicht nur eine Sache, die später mal kommt, sondern eine Person, die jetzt da ist. Der auferstandene Jesus ist jetzt hier und ruft nach dir.

Mensch, wenn du wüßtest!

Johannes 4,1ff 12. Mai 1991

Eine Frau bekommt ihr erstes Kind. Es ist ein Junge. Nach der Geburt fragt die Krankenschwester: „Wie soll der Junge heißen?“ „Reiner.“ „Oh, da möchte ich Ihnen aber abraten, Frau Zufall.“
Reiner Zufall – so einen Namen gibt's in Wirklichkeit gar nicht. Es gibt überhaupt keinen Zufall, und in der Bibel gibt es nicht einmal eine zufällige Bemerkung. In der Bibel hat jedes Wort und jede Kleinigkeit seine tiefe Bedeutung.
Deshalb ist es wichtig, beim Bibellesen auch auf Kleinigkeiten zu achten. Das vierte Kapitel des Johannesevangeliums zum Beispiel geht mit der folgenden Bemerkung los: „Jesus verließ Judäa und ging wieder nach Galiläa. Er mußte aber durch Samarien reisen.“ Das klingt wie weiter nichts als eine trockene Ortsangabe, dabei enthält dieser Satz schon das Evangelium, die ganze Liebe Gottes: „Er mußte durch Samarien reisen.“ Was heißt hier „er mußte“? Er mußte überhaupt nicht! Im Gegenteil: Jeder Jude mußte um Samarien einen Bogen machen, so wie jeder Punker um ein Wohngebiet, das von Faschos kontrolliert wird, einen Bogen machen muß, weil er sonst riskiert, daß er dort eins übergebraten kriegt. Neuerdings ist es ja auch für polnische Bürger lebensgefährlich, durch unser Land zu reisen, weil sie hier von manchen wie wild gejagt, überfallen und ausgeplündert werden.
Durch das Gebiet der Samariter zu reisen war gefährlich. Samariter waren Ausländer, halbe Heiden, zwischen ihnen und den Juden lief seit fast 1000 Jahren nichts mehr, zwischen ihnen gab es nicht nur eine äußere, sondern eine innere Grenze. Das war der gegenseitige grundlose, gründliche, abgrundtiefe Haß. Und den macht Jesus nicht mit. Und wer Ausländer haßt oder belästigt, ist kein Christ.

Denn Haß gegen Ausländer ist ein Verstoß gegen die Nächstenliebe.
Jesus ist die Liebe in Person. Und lieben heißt in der Bibel: Gott gehorchen. Deshalb heißt es hier: Jesus mußte durch Samarien. Da mußte er durch, das ist göttliches Muß. Für „mußte" steht hier im Urtext das Wort, das die Bibel oft gebraucht, wenn es um die eigentliche Sendung Jesu geht, und das ist die Rettung von Sündern. Vor Gott sind alle Menschen gleich, nämlich Sünder, und Gott will, daß alle Menschen gerettet werden, und zwar gleich.
Jesus ist unterwegs, um zu retten. Jesus muß durch Samarien wegen einer Person. Um einen Menschen zu retten – darum muß er.

Ein Penner bringt die Rettung

Als er mit seinen Jüngern in der Nähe der Stadt Sichar ankommt, ist es zwölf Uhr mittags. Um diese Zeit herrscht im Orient eine schweinische Hitze. Jeder Mensch macht Mittagsschlaf. Auch Jesus, so heißt es hier, „war müde". Er kriecht auf dem Zahnfleisch und hängt sich knille im Schatten an einen Brunnen. Seine Jünger sind nach Sichar rein, um im Penny-Markt ein bißchen Salat und Pommes zu kaufen. Jesus schnappt inzwischen nach Luft und würde brennend gern einen Schluck trinken, hat aber kein Gefäß zum Schöpfen. Wie der gute Mann da verstaubt, verschwitzt und verdurstet am Brunnenrand hängt, das sieht ziemlich kläglich aus. Jedenfalls sieht man dem nicht gerade an, daß er der Sohn Gottes ist. Sieht eher aus wie so ein abgelaufener Penner. Und genau das denkt auch die Frau, die in diesem Moment zum Wasserschöpfen kommt: ein verschwitzter Jud – mit so was will sie nichts zu tun haben. Aber Jesus will mit ihr zu tun haben, obwohl das nach allen Regeln des Anstandes einfach unmöglich ist:
Erstens ist die Frau eine Frau, und mit einer fremden Frau

spricht ein anständiger Jude nicht, das ist unter der Würde eines jüdischen Mannes.
Zweitens ist die Frau nicht nur eine Frau, sondern ein Frauenzimmer, ein Flittchen, und mit so was spricht man gleich gar nicht.
Drittens ist die Frau eine Ausländerin, und das ist schon mal schlecht.
Viertens hat sie eine andere Religion, liegt theologisch schief, eine Art Sekte sozusagen, mit so was trinkt man nicht aus einer Tasse, denn die Trinkgefäße der Samariter gelten als unrein und sind deshalb für Juden verboten.
Aber das alles juckt Jesus überhaupt nicht. Der setzt sich über solche Unterschiede, Grenzen, Sitten, Vorschriften und Vorurteile einfach hinweg. Er redet die Frau einfach an. Der Gottessohn benimmt sich einfach menschlich. Menschlichkeit versteht sich nämlich leider nicht von allein. Allein die göttliche Liebe macht es möglich, daß Menschen zwischenmenschliche Mauern überspringen können.

Keine Drinks für Ausländer!

Jesus redet die Frau einfach an und bittet sie: „Gib mir zu trinken!" Gleich bei diesem Annäherungsversuch läßt die Frau Jesus voll abfahren: „Du bist ein Jude und bittest mich, eine Samariterin, um Wasser?" Mit anderen Worten: Ich hab auch meinen Nationalstolz. Sauf du gefälligst bei euch zu Hause am Jordan! Bilde dir nicht ein, du könntest dich hier bei uns durchschlauchen! Für Juden gibt's hier keine Drinks.
Darauf Jesus, Vers 10: „Wenn du wüßtest, was Gott dir geben will und wer dich hier um Wasser bittet, würdest du mich um das Wasser bitten, das du zum Leben brauchst. Und ich würde es dir geben." „Aber Herr", meint da die Frau, „du hast doch gar nichts, womit du Wasser schöpfen kannst, und der Brunnen ist tief. Wo willst du denn das Wasser für mich hernehmen?"

Die Frau kapiert überhaupt nicht, wovon Jesus redet. Wenn sie das Wort „Wasser" hört, denkt sie an das Wasser im Brunnen. Aber Jesus redet inzwischen von etwas ganz anderem. Er hat schon ein ganz neues Thema angefangen, das Thema unseres Lebens, *das* Thema überhaupt, nämlich: lebendiges Wasser – Wasser des Lebens. Er redet schon gar nicht mehr vom Brunnenwasser, sondern von einer anderen Sorte, bei ihm hat das Wort „Wasser" eine doppelte Bedeutung. Die gute Frau kriegt den Doppelsinn zunächst überhaupt nicht mit. Die hört immer bloß „Wasser" und versteht immer bloß Bahnhof, die beiden mißverstehen sich also. Jeder redet von was anderem, das Gespräch ist ein Mißverständnis. Aber die Möglichkeit des Mißverständnisses gehört zum Wesen der Botschaft Jesu. Es ist möglich, Jesus mißzuverstehen, vielleicht muß jeder ihn mißverstehen, der noch nicht vom lebendigen Wasser getrunken hat, das heißt, der den Heiligen Geist nicht hat. „Wasser" ist in der Bibel nämlich auch ein Bildwort für „Geist".
Den Sinn der Worte Jesu erkennst du nur, wenn du Jesus anerkennst. Du mußt trinken, um zu wissen, wie's schmeckt. Du mußt glauben, um zu wissen, ob's stimmt, was Jesus sagt. Ich habe schon x-mal erlebt, daß Menschen mich beim Predigen mißverstanden haben, absichtlich oder eben tatsächlich. Obwohl ich gedacht habe, ich hätte mich ganz klar ausgedrückt. Manchmal sind die Mißverständnisse so grotesk, daß ich mich frage, ob die überhaupt zugehört haben. Aber das steht ja schon in der Bibel: Der Mensch, wie er von Natur aus ist, kapiert nichts vom Geist Gottes. Damit einer Verständnis für göttliche Dinge kriegt, muß Gott selber ihn anmachen. Deshalb muß, auch wenn die Leute noch nichts von Gott wissen, immer feste weitergepredigt werden, denn der Glaube kommt aus der Predigt. Deshalb redet Jesus immer weiter zu der Frau, und er versucht, sie neugierig zu machen: „Wenn du wüßtest", sagt er. „Wenn du wüßtest, wer ich bin und was ich zu bieten habe!" Deshalb predige auch ich immer weiter und sage

dir: Mensch, wenn du wüßtest, was und wie Leben mit Gott ist – du kämst aus deiner Ablehnung heraus und würdest dich nicht länger mit deinen kümmerlichen Göttern begnügen, die dir nicht helfen können. Du würdest dich nicht mit deinen heidnischen Sternzeichen behängen, die dich nicht schützen können. Du würdest dich nicht länger an verseuchten Quellen rumtreiben, die deinen Lebensdurst nicht löschen können.
Wenn du wüßtest! Jesus möchte, daß du über den Rand deiner bisherigen gottlosen Weltanschauung blickst. Er möchte, daß die Frau über den Horizont ihres Brunnenrandes hinauskommt. Deshalb sagt er, Verse 13-14: „Jeder, der dieses Wasser trinkt, wird bald wieder durstig. Wer aber von dem Wasser trinkt, das ich ihm gebe, der wird nie wieder Durst bekommen. Dieses Wasser wird in ihm zu einer Quelle, die bis ins ewige Leben hineinfließt."

Von Bäuchen, Buden und Bankkonten

Mit Durst meint Jesus hier nicht den Durst, den wir mit einem Getränk stillen. Er nimmt diese Erfahrung unseres Lebens, eben den Durst, um damit etwas ganz anderes zu beschreiben, nämlich den Lebensdurst. Wir alle haben in uns einen Lebensdurst, einen Hunger, einen Drang, eine Gier nach Leben, nach Erfüllung, nach Glück, nach Befriedigung. Und jeder versucht auf seine Weise, diesen Durst zu löschen – im Sex, im Suff, im Surfen, im Siebald-Hören. Andere füllen sich den Wanst voll mit Fresserei, ihre Häuser voll mit Besitz, ihre Konten voll mit Geld. Aber je voller die Bäuche, Buden und Bankkonten, um so weniger sind die Leute zufrieden. Ich kann nicht feststellen, daß die Menschen bei uns in den neuen Bundesländern zufriedener geworden sind, obwohl viele viel mehr haben, als sie vor der Wende zu hoffen wagten. Die Ehemaligen-jetzigen-neuen-Ost-Bundis rammeln bis an die Küsten des Atlantik und meckern. Sie kraxeln auf die Spitzen der Alpen und meckern. Sie fahren im neuen Golf nach Hof einkaufen und meckern. Die Gier nach immer mehr macht sie immer unzufriedener. Die Menschen unternehmen die abenteuerlichsten Dinge, um ihren Lebensdurst zu löschen, und sie sind nicht eher ruhig, bis sie Jesus gefunden haben. Das gilt für die in den östlichen genauso wie für die in den westlichen Bundesländern.

Hört sich ja doch ganz interessant an

Vor vierzehn Tagen war ich auf einer Jugendwoche in Kassel. Da wurde einer auf der Toilette überrascht, wie er sich gerade einen Schuß gegeben hatte und sagte: „Jetzt hab ich wieder 200 Mark in meinem Körper." Aber das dauert ja nicht lange, da braucht er wieder 200 Mark für den nächsten Schuß, und das Teuflische an der Sucht ist, daß die Sehnsucht nie zum Ziel kommt, sondern daß es immer wieder von vorne losgeht, bis am Schluß nichts mehr geht und alles kaputt ist. Die Selbstbefriedigung wird zur Folter, und die Folge ist die Selbstzerstörung. Wir haben da junge Männer gesehen, die hatten sich so voll Drogen gepumpt, daß sie kaum stehen konnten. Der eine wollte, während ich mit ihm sprach, eine Banane essen und schaffte es kaum, das Ding zu schälen. Die waren fertig, kaputt, junge Menschen, die ihren Lebensdurst an einer teuflischen Quelle löschten und bis ins Innerste vergiftet waren.
Man könnte heulen, wenn man dieses Elend sieht. Und deswegen war ich sehr froh, als an einem Abend eine junge Frau ans Mikro trat und erzählte, daß sie auch mal drogenabhängig war – abgemagert, ausgelaugt, hoffnungslos. Und dann kam ein Tag im Leben dieser Frau, an dem sie Jesus begegnete, und das war die Rettung.
Diesen Tag erlebt auch die Frau am Brunnen. Und sie kann dann am Schluß mit vielen anderen von Jesus sagen: „Er ist wirklich der Retter der Welt." Mit diesem Satz endet unsere Geschichte, aber noch sind wir nicht soweit. Noch sieht

sie in Jesus nicht den Retter, sondern den Rumtreiber. Aber Jesus sieht, daß auch in dieser Frau dieser Lebensdurst, diese Sehnsucht nach Glück und Erfüllung steckt. Deshalb sagt er: „Wer von dem Wasser trinkt, das ich ihm gebe, der wird nie wieder Durst bekommen." Da wird sie hellhörig. Obwohl sie immer noch nicht geschnallt hat, wovon hier eigentlich die Rede ist, ist sie inzwischen an dem Angebot Jesu interessiert. Sie denkt: Es geht um eine äußere Lebenserleichterung, sie braucht nicht mehr die schweren Wassereimer zu hucken.
So wie viele Leute heute denken, die wichtigste Aufgabe der Kirche würde in erster Linie darin bestehen, die irdischen Lebensbedingungen der Menschen zu verbessern. Es ist ja geradezu rührend, wie manche Theologen, die keine Ahnung haben von Ackerbau und Viehzucht, mit großartigen Reden auf internationalen Konferenzen eine neue Weltwirtschaftsordnung und so was fordern.

Worum geht's hier eigentlich?

Jesus fordert die Frau nicht auf, das Joch des Wassertragens abzuwerfen. Er hält keine feurige Rede über Probleme der Wasserwirtschaft. Er hängt am Brunnenrand kein Bettuch auf mit der aufgesprühten Losung: „Frauen Samariens! Emanzipiert euch! Werft Wassereimer weg!" Sondern er sagt zu einem einzelnen Menschenkind, das unter den Zwängen der Gesellschaft, unter dem Joch der Arbeit, unter den Ketten seiner Sünde leidet: „Wenn du von dem Wasser trinkst, das ich dir gebe, wirst du nie wieder Durst haben. Dann hast du in dir eine Quelle, die bis ins ewige Leben fließt."
Ewiges Leben – das ist das Thema von Jesus. Das ist das Thema der Kirche, der Christen. Das ist das Thema, zu dem außer uns niemand in der Welt etwas zu sagen hat und zu dem wir den Menschen in der Welt etwas zu sagen haben: Bei Jesus gibt es ewiges Leben. Wenn du wüßtest!

Die Frau weiß immer noch nicht, worum es geht. Aber sie merkt immerhin das eine: Dieser Mann macht mir ein Angebot, das mir noch keiner gemacht hat (und sie hatte schon allerhand Angebote von Männern bekommen). Also sagt sie: „Dann gib mir dieses Wasser, damit ich nie wieder durstig bin und nicht wieder herkommen und Wasser holen muß." Sie denkt noch immer an ihr Brunnenwasser und vermutet, sie kriegt jetzt so eine Art Zaubertrank, und damit hat sich das tägliche Gerenne zum Brunnen und das Wassergeschleppe erledigt. Als Jesus Tausende von Menschen mit ein paar Broten satt machte, dachten die Leute ja auch, daß sich das tägliche Gerenne zur Arbeit und Geschufte fürs tägliche Brot erledigt habe. Jeden Tag Brötchen gratis – das gefiel der Masse. So wollten sie Jesus haben, so war Jesus der King, so wollten sie einen König haben, so wollten sie Jesus zum König machen, zum Semmelkönig.

Hier wird scharf geschossen

Aber Jesus will für uns kein Schlaraffenleben. Er will uns unsere Schuld vergeben, damit er uns das ewige Leben geben kann. Und als die Frau sagt: „Gib mir das Wasser", da muß er erst mal die Sünde aus dem Weg räumen, damit die Frau das Wasser, um das sie bittet, trinken kann. Die Frau hat nämlich sozusagen noch was im Hals, was sie daran hindert, das Wasser von Jesus zu schlucken. Und das, was ihr da im Hals steckt, muß erst mal raus. Die Sünde, die sie in sich trägt, muß erkannt, bekannt, ausgespuckt, ausgesprochen werden. Als die Frau also sagt: „Gib mir dieses Wasser", da schießt Jesus, der große Seelsorger, einen Pfeil ab. Er bringt in geradezu verletzender Weise die Rede auf das Intimleben der Frau. Er sagt nämlich: „Gut, geh und ruf deinen Mann. Dann kommt beide hierher." Der Pfeil sitzt. Die Frau fühlt sich im Innersten getroffen, aber sie gibt es nicht zu und antwortet ganz cool: „Ich bin nicht verheiratet." Damit, so denkt sie, hat sie die Kurve

gekratzt und das peinliche Thema abgewendet. Aber Jesus läßt sich nicht abwimmeln. Er antwortet – und jedes Wort ist ein Hammerschlag: „Das stimmt, verheiratet bist du nicht. Fünf Männer hast du gehabt, und der, mit dem du jetzt zusammenlebst, ist nicht dein Mann. Da hast du die Wahrheit gesagt."
Ich möchte nicht wissen, wie viele von euch mit jemandem zusammenleben, ohne verheiratet zu sein. Fünf Männer oder Mädchen gehabt zu haben und mit einem Partner zusammenzuleben, mit dem man nicht verheiratet ist, ist heute nichts Besonderes – aber es ist was Besonderes, daß es einen Mann gibt, der das nicht für normal hält. Der hält uns die Norm Gottes, die Gebote vor und sagt: Du sollst nicht ehebrechen. Ganz am Ende des Gesprächs läßt die Frau ihren Wasserkrug stehen, rennt in die Stadt und erzählt allen Leuten: „Kommt mit! Ich habe einen Mann getroffen, der alles von mir weiß, was ich getan habe."

Die Rettungsaktion läuft an

Jesus weiß alles von dir. Er kennt alle deine Sünden. Aber er macht dich deswegen nicht fertig, sondern er macht dir ein Angebot: Wasser des Lebens, Reinigung von deiner Schuld, Vergebung deiner Sünde. Weißt du, warum die Frau ausgerechnet in der größten Mittagshitze Wasser holen ging? Weil sie wußte, daß zu dieser Zeit normalerweise niemand dort war, und sie wollte niemanden treffen. Denn die anderen, die ja wußten, wie sie lebte, machten sie nur fertig. Wenn sie mit den anderen Frauen in der Morgenkühle Wasser holen gegangen wäre, wäre es ihr ergangen wie überall, wo sie auftauchte: Geflüster (Achtung, das Flittchen), Geschimpfe (verpiß dich, du Schlampe), Gemeinheiten (so was wie du gehört eingesperrt). Das hatte sie satt. Deshalb ging sie lieber in der Mittagshitze zum Brunnen, weil dann keiner dort war, der sie vollabern konnte. Und ausgerechnet mittags ist einer da, der labert

sie aber nicht voll, sondern der liebt sie! Der verurteilt sie nicht, obwohl er alles von ihr weiß! „Ich habe einen Mann getroffen, der alles von mir weiß."
Jesus ist nicht in die Welt gekommen, um uns zu verurteilen. Er ist gekommen, um uns zu retten. Wir sind ja bereits wegen unserer Sünde verurteilt. Aber Jesus hat unsere Strafe auf sich genommen, hat an unserer Stelle die Strafe abgebüßt, hat für unsere Schuld mit seinem Leben bezahlt. Das ist Liebe! Denn einer muß für deine Schuld bezahlen: entweder du – oder Jesus. Und da sagt er: Komm, laß mich mal. Ich mach das für dich.
Wenn es keinen Gott gäbe, der uns Menschen die Gebote gegeben und gedroht hat, alle, die seine Gebote übertreten, mit der ewigen Verdammnis zu bestrafen, dann wäre es absurd, daß Jesus Vergebung anbietet. Wenn es kein Jüngstes Gericht, keine ewige Seligkeit und keine ewige Verlorenheit gäbe, dann wäre das Angebot Jesu überflüssig. Dann brauchten wir keinen Jesus – aber wir brauchen heute nötiger denn je den Mann Jesus, der uns sagt, was wir getan haben, nämlich gesündigt, und der uns sagt, was er getan hat, nämlich gerettet.
Sicher braucht unsere Welt noch alle möglichen anderen Dinge: eine gerechte Wirtschaftsordnung, mehr Arbeitsplätze, mehr Geld. Aber was wir am meisten brauchen, ist Jesus, weil unsere Seelen sonst verhungern, trotz 70 Sorten Brot und Käse. Weil unsere Seelen ohne ihn verdursten, trotz Cola und Kulmbacher. Von irgendeiner Quelle muß jeder trinken. Von welcher Quelle lebst du?
Du kannst mit allen Wassern der Philosophie gewaschen sein. Du kannst dich mit Schnaps vollaufen lassen und deine Adern mit Drogen vollpumpen. Du kannst aus dem Ozean der Weltreligionen Weisheit schlürfen. Du kannst aus den trüben Tümpeln der Horoskope und Wahrsager saufen. Du kannst das eiskalte Wasser des atheistischen Materialismus schlucken – aber deine Seele wird dabei verdursten.

So einfach geht das

Auf dem Marktplatz der Weltanschauungen wirst du überschwemmt von Parolen, die dir alle möglichen Sachen als Heilsquellen anbieten. Auch Jesus hat dir ein Angebot zu machen: „Wer von dem Wasser trinkt, das ich ihm gebe, der wird nie wieder Durst bekommen. Dieses Wasser wird in ihm zur Quelle, die bis ins ewige Leben hineinfließt." Damit meint Jesus: Ich kann deinen Lebensdurst stillen. Wenn du zu mir kommst, ist die Suche vorbei, die Sucht zu Ende, die Sehnsucht erfüllt. Dann bist du am Ziel, dann bist du zu Hause. Geborgen. Im Frieden. Zufrieden.
Heute kannst du heimkommen, wenn du Jesus annimmst. Sag ihm: „Jesus, ich nehme dein Angebot an. Vergib mir meine Schuld. Gib mir das ewige Leben."
Am Ende der Bibel, im allerletzten Satz, den Jesus sagt, da sagt er (Offb. 22,17): „Wer Durst hat, der komme, und wer will, der nehme das Wasser des Lebens umsonst." Das ist buchstäblich der letzte Wille Jesu: deinen Lebensdurst löschen. Er will. Die Frage ist jetzt: Willst du?

Der Höllenreport

Lukas 16, 19-31 7. Juni 1991

Flughafen Moskau. Ein Soldat fragt einen Juden, warum er nach Israel ausreisen will. „Will Hebräisch lernen." „Wozu?" „Na, weißt du, im Himmel wird doch Hebräisch gesprochen." „Und was passiert, wenn du gar nicht in den Himmel, sondern in die Hölle kommst?" „Macht nix. Russisch kann ich schon."
Der Gerechtigkeit halber auch aus Amerika einen von der Sorte: Ein schwarzer Baptistenprediger predigt auf einer Straße in New York mit feurigen Worten über Himmel und Hölle. Er malt aus, daß die Geretteten alle ein weißes Kleid und Flügel kriegen. Da fragt ihn einer aus der Menge, wie er das praktisch machen will, das Gewand beim Anziehen über die Flügel zu kriegen. Darauf der Prediger: „Das laß mal meine Sorge sein. Mach du dir mal lieber Gedanken, wie du dein Gewand über deine Hörner kriegen willst."

Ein Haufen, eine Hölle, eine Kuh vorm Tor

Es gibt einen Haufen Witze über die Hölle, aber die Hölle ist kein Witz, und mit den Witzen ist es in dem Moment vorbei, wo es um die Frage geht: Wohin gehe ich? Komme ich in den Himmel oder in die Hölle? Um diese Frage geht es spätestens an dem Tag, an dem du stirbst. Es ist ja mit dem Tod nicht alles aus. Im Gegenteil. Dann geht es erst mal richtig los, nach dem Leben kommt die Ewigkeit.
Damit du dann, wenn du vor den Toren der Ewigkeit stehst, nicht dastehst wie die Kuh vorm neuen Tor, stellt dir die Bibel heute die Frage: Wo wirst du die Ewigkeit verbringen? Lukas 16,19-31:
„Es war einmal ein reicher Mann, der immer die teuerste und beste Kleidung trug und Tag für Tag im Luxus lebte.

Vor seinem Haustor lag ein Armer, der hieß Lazarus. Sein Körper war ganz mit Geschwüren bedeckt. Er wartete darauf, daß von den Mahlzeiten des Reichen ein paar kümmerliche Reste für ihn abfielen. Er konnte sich nicht einmal gegen die Hunde wehren, die seine Wunden beleckten.
Der Arme starb, und die Engel trugen ihn zu Abraham in den Himmel. Auch der Reiche starb und wurde begraben. Drunten in der Totenwelt litt er große Qualen. Als er aufblickte, sah er hoch oben Abraham, und Lazarus bei ihm. Da rief er laut: ‚Vater Abraham, hab Mitleid mit mir! Schick mir doch Lazarus! Er soll seine Fingerspitze ins Wasser tauchen und meine Zunge ein wenig kühlen, denn das Feuer hier brennt entsetzlich.' Aber Abraham sagte: ‚Denk daran, daß es dir im Leben immer gutgegangen ist, Lazarus aber schlecht. Dafür kann er sich nun hier freuen, während du Qualen leidest. Außerdem liegt zwischen uns und euch ein tiefer Graben. Selbst wenn jemand wollte, könnte er nicht zu euch kommen, genauso wie keiner von dort zu uns gelangen kann.'
Da bat der reiche Mann: ‚Vater Abraham, dann schick doch Lazarus wenigstens in mein Elternhaus. Ich habe noch fünf Brüder. Er soll sie warnen, damit sie nicht auch an diesen schrecklichen Ort kommen.' Doch Abraham sagte: ‚Deine Brüder haben das Gesetz Moses und die Weisungen der Propheten. Sie brauchen nur darauf zu hören.' Der Reiche erwiderte: ‚Vater Abraham, das genügt nicht! Aber wenn einer von den Toten zu ihnen käme, dann würden sie sich ändern.' Abraham sagte: ‚Wenn sie auf Mose und die Propheten nicht hören, dann lassen sie sich auch nicht überzeugen, wenn jemand vom Tode aufersteht.'"

Was Hölle ist

In der Phantasie mancher Leute spielt unsere biblische Geschichte die Rolle eines Schlüssellochs, durch das man einen Blick ins sogenannte Jenseits werfen kann. Aber auch wenn wir hier etwas über Abrahams Schoß und über Qualen im Feuer erfahren, sind solche Einzelheiten doch völlig unwichtig, weil sie weiter nichts als Bilder und Vergleiche sind. Von allem, was jenseits der Todesgrenze liegt, kann Jesus nur in Bildern und Vergleichen sprechen. Wichtig ist nur, daß wir verstehen, was mit diesen Bildern gemeint ist. Zweierlei soll hier mit ihnen gesagt werden:

1. Nach dem Tode kommt die große Scheidung der Menschen in zwei Gruppen. Zwar sagt das Sprichwort: „Ob arm, ob reich, im Tode gleich", aber die Bibel sagt das nicht. Die Ewigkeit macht die Menschen überhaupt nicht gleich, sondern dort werden sie gerade in einer Weise getrennt, wie sie radikaler überhaupt nicht denkbar ist, nämlich in die, die bei Gott sind, und die, die nicht bei Gott sind. Die einen dürfen in der Nähe Gottes sein – das bedeutet das Bild von Abrahams Schoß. Die andern müssen ihm fern sein – das bedeutet das Bild vom Feuer. Die Hölle besteht also nicht darin, daß jemand auf einem Grill geröstet wird, sondern daß jemand fern von Gott sein muß und diese Ferne bewußt erlebt. So wie ein Verdurstender, der eine Quelle sieht, aber nicht zu ihr hinkann.

An anderer Stelle (2. Thess. 1,8-9) beschreibt die Bibel die Hölle so: „Jesus wird kommen, ... Vergeltung zu üben an denen, die Gott nicht kennen wollen, und an denen, die nicht gehorsam sind dem Evangelium unseres Herrn Jesus, die werden Strafe erleiden, das ewige Verderben, fern von dem Angesicht des Herrn und von seiner herrlichen Macht."

Das Wissen, zu denen gehören zu müssen, die nicht bei Gott sein dürfen – das ist die Hölle. In die Hölle kommen zwar die Ungläubigen, aber eins steht fest: In der Hölle wird es keine Atheisten geben, die dort ihr Glaubensbekenntnis aufsagen, das heißt: „Es gibt keinen Gott." Dort wird es nur welche geben, die zugeben müssen, daß es Gott gibt, daß Gott da ist und daß sie selber das Falsche geglaubt haben. Gott sehen müssen, seinen Irrtum einse-

hen müssen und es nicht mehr ändern können – das ist die Hölle.
2. Das Teuflische an der Hölle ist, daß sie zwar einen Eingang, aber keinen Ausgang hat. Sie hat nur Fenster, durch die man sehen muß, was man vorher nicht wahrhaben wollte: daß es einen Gott und daß es ein Zu-spät gibt: Es gibt nämlich keine Möglichkeit, von der einen Gruppe in die andere überzuwechseln, zwischen beiden liegt eine unüberbrückbare Kluft. Es gibt keine Möglichkeit, nach dem Tod noch ins Lager der Frommen zu kommen. Und wenn du darauf spekulierst, daß der liebe Gott am Schluß recht lieb sein und keinen fortschicken wird, dann täuschst du dich. Davon sagt die Bibel nichts. Und gerade in unserer Geschichte sagt sie uns, daß uns der Tod unwiderruflich auf das Ergebnis unseres Lebens festnagelt.
Nach dem Tod gibt es keine Möglichkeit der Entscheidung, keine Korrektur, keine Zwischenlösung, sondern nur alles oder nichts. Was bis zum Tod nicht erledigt ist, wird nie mehr erledigt. Dann sind alle Chancen vorbei. Wenn deine Zeit hier abgelaufen ist, läuft nichts mehr. Dann bleibt es unbarmherzig bei dem Zu-spät. Dann bleibt nur noch die Verdammnis. „Ja wo bleibt denn da die Liebe Gottes?" fragst du.

Wie Gottes Liebe ist

Gottes Liebe besteht erstens darin, daß er dir vorher sagt, was auf dich zukommt, und dich über deinen Zustand und deine Chancen informiert. Es ist ja nicht so, als ob du an einer Wegkreuzung vor zwei Wegen stehst und dich entscheiden kannst, ob du nach links oder nach rechts, in den Himmel oder in die Hölle willst. Du bist doch bereits auf dem Weg zur Hölle. Du bist bereits verloren. So, wie der Mensch von Natur aus ist, ist er verloren, das ist die bittere Wahrheit der Bibel.
Aber, und das ist das zweite, worin Gottes Liebe besteht:

Gott läßt dich nicht einfach laufen, sondern er läßt dich rufen, ein Leben lang, immer wieder, heute beispielsweise durch mich. Gott stellt sich an deinen Lebensweg und ruft dich runter vom falschen Weg. Es läßt ihm einfach keine Ruhe, daß du in dein Unglück rennst.
Und das dritte, worin Gottes Liebe besteht: Er läßt seinen Sohn am Kreuz sterben, an deiner Stelle, für deine Sünden. Weißt du, warum Jesus am Kreuz hängt? Weil du Schuld hast vor Gott. Einer muß sie bezahlen. Entweder du bezahlst sie in der Hölle, oder Jesus bezahlt sie am Kreuz. Und Jesus bezahlt für dich! Warum willst du das nicht annehmen? Was willst du mehr? Mehr, als daß einer mit seinem Leben für dich bezahlt, mehr an Liebe gibt es nicht. Ein Leben lang zeigt dir Gott seine Liebe am Kreuz. Wir kommen eben nicht alle in den Himmel, sondern es gibt auch welche, die kommen in die Hölle. Und um dich davor zu bewahren – deshalb ist Jesus gekommen.

Eiapopeia und Pfaffengeschwätz

Nun gibt es viele, die sagen: „So ein Quatsch. Das darf doch nicht wahr sein! Wir leben doch nicht im Mittelalter! Die Hölle ist eine leere Drohung, das Eiapopeia vom Himmel Pfaffengeschwätz. Deshalb: Leben und leben lassen! Wenn wir tot sind, ist Sense!“ Freilich, Leute, die so argumentieren, gibt's in Massen, und in unserer Geschichte treten sie bezeichnenderweise auch in Massen auf: Da ist der reiche Mann und seine fünf Brüder. Die sagen: „Tja, wenn mal einer von den Toten zurückkäme und uns einen Augenzeugenbericht über Himmel und Hölle liefern würde – dann würden wir das ja glauben...“
Wie ihr aus unserer Geschichte bereits wißt, warten diese Leute vergeblich auf einen himmlischen Berichterstatter oder rasenden Reporter aus der Hölle. Es gibt allerdings welche, das sind die Spiritisten, die versuchen, mit Totengeistern in Kontakt zu kommen und von denen was zu er-

fahren. Das geht zwar, aber das geht auf alle Fälle nach hinten los. Hat Gott streng verboten. Und wenn du das machst, landest du auf alle Fälle in der Hölle.
Es gibt keine Möglichkeit, mehr über das Leben nach dem Tod zu erfahren, auch nicht durch die Berichte klinisch Toter. Wir haben weiter nichts als Mose und die Propheten, das heißt: Wir haben die Bibel. Das ist unsere einzige und zugleich die beste Informationsquelle. Die Bibel sagt über das, was nach dem Tod kommt, ganz wenig. Aber sie sagt ganz klar: Nach dem Tod kriegen wir die Quittung für unser Leben. Was der Mensch sät, wird er ernten, deshalb kommt alles darauf an, daß wir unser Leben jetzt richtig führen. Das ist der Grund, warum Jesus diese Geschichte überhaupt erzählt. Er will damit unsere Augen auf die Gegenwart lenken. Er will uns nicht die Hölle heiß machen, sondern die Gegenwart wichtig machen. Denn was Gott mit uns nach unserem Tod macht, hängt davon ab, was wir vor unserem Tod mit unserem Leben machen. Genauer gesagt: Was wir als die Reichen mit dem armen Lazarus machen, mit dem wir zusammen leben.

Manche würden was anziehen

Unsere Geschichte ist nämlich nicht an Leute adressiert, die mit dem armen Lazarus, sondern an Leute, die mit dem reichen Mann vergleichbar sind. „Na dann ist es ja gut“, werdet ihr sagen, „dann geht uns die ganze Geschichte nichts an, denn wir sind keine reichen Leute.“
Also im Vergleich zur Mehrheit der Weltbevölkerung sind wir reich. Die Hälfte der Menschheit lebt nicht in festen Steinhäusern, sondern in Hütten, die Hälfte ist unterernährt, Millionen haben keine Heimat, keine Arbeit, keine Ausbildung, keine soziale Sicherheit, keine Chancen. Dem Ärmsten unter euch geht's immer noch besser als denen – die würden sonstwas geben, um einen einzigen Tag sich so anziehen, so essen, so leben zu können wie du. Du bist

der reiche Mann. Und ich bin fest davon überzeugt: Du hast auch Mitleid, wenn du etwa hörst, daß täglich 60.000 Menschen verhungern. Aber das Problem ist: Unser Mitleid ist nur vorübergehend. Wir haben Mitleid mit den Armen, solange wir von ihnen hören und sehen – in der Tagesschau. Aber dann gehen wir weiter – in der Tagesordnung. Unser Mitleid vergeht, wir machen weiter im alten Stil, und es ändert sich nichts.

Vielleicht merkt ihr jetzt, daß die Geschichte, die Jesus erzählt, gar keine alte, sondern eine brennend aktuelle Geschichte ist, die uns allmählich sogar unangenehm wird. Ist euch eigentlich vorhin aufgefallen, daß der reiche Mann in unserer Geschichte gar keinen Namen hat? Der Arme hat einen Namen, Lazarus, das heißt: Gott ist die Hilfe, also Gotthilf. Aber der reiche Mann wird einfach bezeichnet als der reiche Mann, weiter nichts. Jesus gibt dem Mann keinen Namen, damit jeder, der die Geschichte hört, diese Lücke mit seinem Namen ausfüllen kann. Erst dann, wenn wir unseren eigenen Namen dort einsetzen, wo „reicher Mann" steht, ist die Geschichte vollständig, erst dann fangen wir an, sie zu verstehen. Also: der reiche Mann Theo. Die reiche Frau Christine. Der reiche Mann Jörg usw. Und dann ist das plötzlich kein harmloses altes Märchen, sondern ein unerhörter Angriff auf unseren Lebensstil, ein Angriff, mit dem Jesus unser bisheriges Leben über den Haufen werfen und eine Lebensumwandlung erreichen will.

Wie einseitig die Bibel ist

Es gibt Leute, die behaupten, Himmel und Hölle wären eine Erfindung der Reichen, um die Masse der Armen leichter ausbeuten und regieren zu können. Wenn das wahr wäre, dann frage ich mich, warum Jesus hier Himmel und Hölle in Bewegung setzt, um sich für den armen Lazarus einzusetzen. Die Bibel kritisiert immer wieder scharf die

Reichen, die Bonzen, die sich auf Kosten der Armen einen Fetten machen. Sie nimmt eindeutig und einseitig für die Armen Partei, und das bedeutet im Fall unserer Geschichte, daß wir die Kritisierten sind. Lazarus ist der Vertreter der Millionen der Dritten Welt, die hungernd vor der Tür unserer Zivilisation liegen. Lazarus zwingt uns zur Entscheidung.

Denn ob die Reichen den Armen helfen, ist nicht nur entscheidend für das Schicksal unserer Welt, sondern hier geht es auch um unser ewiges Schicksal. Ob Gott mich einmal in seiner Nähe duldet, hängt davon ab, ob ich den Lazarus vor meiner Tür der Hölle seiner Armut und der Qual seines Leidens überlasse. Wenn das der Fall ist, wird mich sicher auch Gott der Hölle und der Qual der Gottferne überlassen.

Ob ich oder ob ich nicht?

Das ist natürlich äußerst unangenehm, daß Gott den Lazarus vor meiner Tür zum Prüfstein meines Glaubens macht. Die Sache wäre für mich günstiger, wenn Gott ein paar meiner Predigten hören und mich danach beurteilen würde. Die Sache wäre für dich einfacher, wenn Gott sich mit deinem Glaubensbekenntnis begnügen würde. Aber das Bekenntnis, daß du Gott liebst, könnte eine Lüge sein, eine raffinierte oder eine unbewußte Lüge. Ob meine Liebe zu Gott echt ist, entscheidet sich daran, ob ich meinen Nächsten liebe, den Lazarus vor meiner Tür.

Wo aber ist vor unserer Tür ein armer Lazarus? Freunde, es geht hier doch gar nicht um die Frage Lazarus oder Luxus. Es geht hier doch gar nicht bloß um das Verhältnis von Arm und Reich. Der arme Mann kommt nicht deshalb in den Himmel, weil er arm war. Und der Reiche kommt nicht deshalb in die Hölle, weil er reich war. Er kommt auch nicht deshalb in die Hölle, weil er ein schlechter Mensch war, denn das war er nicht. So hat er sich bei-

spielsweise nach jeder Mahlzeit, wie es sich für anständigen Menschen gehört, seine fettigen Hände abgewischt, damals gab's keine Papierservietten – da wischte man sich die Pfoten mit Brot ab. Dieses Brot ließ man unter den Tisch fallen – für mich das Beste, für dich die Reste –, und das kriegte Lazarus. Das war für den reichen Mann zwar kein Opfer, sondern Abfall, aber immerhin stand er damit in dem guten Ruf, ein sozial handelnder Mensch zu sein, der einen Bettler ernährt. Er hätte diesen Bettler ja auch rausschmeißen können, aber nein, der reiche Mann ist doch kein Unmensch. Man weiß doch, was sich gehört, man ist ein Humanist, man kennt seinen Goethe: „Edel sei der Mensch, hilfreich und gut!" Der reiche Mann ist ein guter Mann, aber, das hat schon der Theologe Bengel vor 200 Jahren von diesem Mann gesagt, er ist ein praktischer Atheist. Er ist lieblos, er liebt weder Gott noch die Menschen. Das ist seine Schuld. Deshalb kommt er in die Hölle. Nicht weil er reich ist an Geld, sondern weil er arm ist an Liebe.
Er liebt die Menschheit im allgemeinen und sich selber im besonderen, aber den konkreten Menschen vor seiner Tür, den liebt er nicht. Um den kümmert er sich nicht, den speist er mit Abfall ab. Das ist die Schuld des reichen Mannes, das ist unsere Schuld. Im allgemeinen sind wir alle für die Nächstenliebe. Na klar. Es klappt bloß noch nicht so ganz im konkreten Fall: beim Lazarus vor unserer Tür.

Lazarus ist überall

Der Lazarus vor deiner Tür, das kann das Mädchen aus deiner Klasse sein, das ihr alle nicht beachtet, weil es unreine Haut, unreine Vergangenheit hat. Und das sich nach nichts mehr sehnt als nach einem bißchen Freundschaft und Liebe.
Das kann die alte Frau aus deinem Haus sein, die genug Geld hat und sich trotzdem freut, wenn du ihr mal ein

Stück Kuchen schenkst. Die braucht deine Almosen nicht, aber die braucht zum Leben mal ein persönliches Wort von dir, ein Zeichen, daß du in ihr keinen Gegenstand im Treppenhaus, sondern einen Menschen siehst.
Der Lazarus vor deiner Tür, das können deine Kinder sein, die mal Zeit und Zuwendung von dir brauchen. Das kann deine eigene Frau sein, deren Probleme du übersiehst und die du mit einem täglichen frostigen Kuß abspeist. Jeder von uns hat einen Lazarus vor seiner Tür. Jeder von uns wird von Gott danach beurteilt, wie er mit diesem Lazarus, mit seinem Mitmenschen, umgegangen ist.
Und nun frage ich dich: Was wirst du nun in deinem Leben ändern? Was wirst du ab jetzt anders machen?
Die Bibel sagt dir klar, was du zu tun und mit welchen Konsequenzen du zu rechnen hast. Du hast gehört, daß es einen Himmel und eine Hölle gibt. Du bist informiert, daß es von dir abhängt, wo du die Ewigkeit verbringst. Du bist eingeladen, als ein Kind Gottes zu leben. Und du bist gewarnt, daß es ein Zu-spät gibt. Heute ist es allerdings noch nicht zu spät. Heute kannst du dich noch entscheiden. Heute kannst du dich bekehren. Heute ist der Tag des Heils. Bitte Gott um Vergebung für deine bisherigen Sünden. Bitte Gott um Kraft für die Neugestaltung deines Lebens. Glaube und handle!
Also komm, gib Jesus dein Leben, bevor es zu spät ist. Zu spät, das ist das schrecklichste Wort, das es gibt. Und ich wünsche dir nicht, daß Gott das am Ende deines Lebens zu dir sagt.

Frech ist er auch noch

Ein Leben lang hat der reiche Mann auf alle andern von oben runtergesehen. Als er tot ist und sich die Radieschen von unten betrachtet, sieht er zum ersten Mal nach oben: „Als er aufblickte, sah er hoch oben Abraham und Lazarus in seinem Schoß." Aber da ist es zu spät!

Ein Leben lang hat der reiche Mann nicht gebetet. Als er tot ist, betet er: „Vater Abraham..." Aber da ist es zu spät.
Ein Leben lang hat der reiche Mann kein Erbarmen gekannt. Als er tot ist, verlangt er Erbarmen für sich. „Und er rief laut: Erbarme dich." Aber da ist es zu spät.
Ein Leben lang hat der reiche Mann für Lazarus keinen Finger krumm gemacht. Als er tot ist, verlangt er: „Schick mir doch Lazarus! Er soll seine Fingerspitze ins Wasser tauchen und meine Zunge ein wenig kühlen, denn das Feuer hier brennt entsetzlich." Aber da ist es zu spät.
Ein Leben lang hat der reiche Mann nur an sich selbst gedacht. Als er tot ist, fallen ihm seine fünf Brüder ein. „Ich habe noch fünf Brüder, sende Lazarus zu ihnen. Er soll sie warnen." Aber da ist es zu spät.
Er hätte es wissen können, denn er hatte die Bibel (vgl. Prediger 2, Hesekiel 18,28, Daniel 12,2). Aber die hat er nicht gelesen, der hat er nicht geglaubt, ihm waren die Trinksprüche wichtiger als Bibelsprüche.
Und als Gott ihn daraufhin anspricht und sagt: „Du hattest doch die Bibel. Du hattest mein Wort. Da steht alles drin, was du für deine Bekehrung und Errettung wissen mußt" – da hat der reiche Mann die Frechheit zu antworten: „Nein, die Bibel genügt nicht! Was in der Bibel steht, kann man nicht glauben. Da müßte erst noch zusätzlich einer von den Toten auferstehen und als Beweis kommen."

Noch zwei trostlose Worte

Dieser Mann bleibt bis zum letzten Moment und bis zum letzten Argument das, was er ein Leben lang gewesen ist: ein Ungläubiger, ein Gottloser, der noch von der Hölle aus Gott widerspricht. Die Gottlosen, so sagt die Bibel (Jes. 48,22), haben keinen Frieden. Lazarus starb in Frieden, und er ruht in Frieden. Als sie ihn in seinem billigen Sarg sang- und klanglos wie einen Hund verscharrten, war au-

ßer den Totengräbern kein Mensch auf dem Friedhof. Aber Gottes Engel waren da und trugen ihn in die Herrlichkeit. So möchte ich einmal sterben. Ob ich in meinem Bett sterbe oder ob sie mich eines Tages an die Wand stellen und abknallen – ich möchte sterben wie Lazarus, und weil mein Leben Jesus gehört, werde ich sterben wie Lazarus – getragen und geborgen von Gottes guten Engeln, in Frieden und getröstet. Und wie wird dein Sterben einmal sein?
Auch der reiche Mann starb und wurde begraben. Große Sache: der ganze Friedhof voll von Menschen. Das war das letzte, was er sich von seinem Geld leisten konnte: ein teures Begräbnis. Die Kränze teuer. Die Grabrede beteuernd: „Wir haben einen guten Menschen verloren." So lautet das Urteil der Leute. Das Urteil Gottes lautet: Auf ewig verloren. Am Grab des reichen Mannes werden viele kluge Grabreden gehalten, mit vielen trostlosen Worten. Die Grabrede, die Jesus ihm hält, ist kurz. Sie besteht nur aus zwei Worten: Zu spät. Was wird Jesus als letztes Wort über dein Leben sagen?

Ein bißchen ewig ist das schon

Johannes 6,68-69 13. Juli 1991

Ein junger Pfarrer muß zum ersten Mal im Gefängnis predigen. Er ist natürlich unsicher und aufgeregt, und da beginnt er seine Predigt mit dem Satz: „Ich freue mich, daß so viele hier sind."
Als ich zum ersten Mal in einem Gefängnis gepredigt habe, hab ich das nicht gesagt. Vor vierzehn Tagen hatte ich in einem Knast zu predigen, wo vor allem Terroristen und Mörder sitzen. Ich war natürlich unsicher und aufgeregt, aber ich kann euch sagen: Im Gefängnis vor Mördern und Terroristen zu predigen, das war nicht das Problem. Das Problem waren die beiden Gefängnispfarrer, die mit versteinerten Gesichtern vor mir saßen und hinterher über mich herfielen mit dem üblichen Vorwurf: So geht das nicht!
Der Inhalt meiner Predigt war: Wer Jesus hat, der hat das Leben und ist gerettet. Wer Jesus nicht hat, lebt am Leben vorbei und ist verloren. Noch während ich mich mit den Häftlingen unterhielt, stürzten sich die beiden Kollegen auf mich, und der eine sagte, das wäre ja unmöglich, so könne man das doch nicht sagen, und überhaupt, daß der Mensch ohne Jesus verloren ist, so was dürfe man doch nun wirklich nicht sagen. Ich sagte: „Das hat doch Jesus selber gesagt." „Ja, aber was soll das denn heißen – verloren, gerettet." „Na, wissen Sie denn das nicht von sich selbst, ob Sie verloren oder gerettet sind?" „Nein." Darauf ich: „Dann fehlt Ihnen die Grundvoraussetzung, um Prediger und Priester zu sein."
Da zog er natürlich wieder ab, und ich saß wieder mal da mit dem Vorwurf, ich hätte zu hart gepredigt, und statt Menschen zu Jesus einzuladen, hätte ich riskiert, sie von ihm abzuwenden.

Das möchte ich natürlich ganz und gar nicht. Ich möchte, daß die von euch, die noch nicht zu Jesus gehören, sich heute bekehren, aber ich muß natürlich auch damit rechnen, daß sich welche von ihm abkehren.

Come on – du mußt dich entscheiden!

Jesus verlangt eine Entscheidung. Und in dem Wort Entscheidung steckt das Wort Scheidung. An Jesus scheiden sich die Geister. Es wird immer so sein, daß die einen ihn annehmen, die anderen ihn ablehnen, die einen ihm nachfolgen, die anderen ihn verlassen. Das ist Jesus selbst so ergangen, als er über diese Erde gegangen ist. Im Johannesevangelium, Kapitel 6, wird geschildert, wie Jesus eines Tages in eine große Krisis kommt. Krisis heißt Scheidung. Da machten sich die meisten seiner Anhänger aus dem Staube.
Es gab einmal eine Zeit in seinem Leben, da war er bei den Massen beliebt. Das war damals, als er 5000 Menschen zu essen gegeben hat. Da waren sie natürlich alle von ihm begeistert. Da sind sie ihm scharenweise nachgerannt. Da war er der Held des Tages, da war er der King, da wollten sie ihn zum König machen. Aber dann merkten sie: Der will uns nicht bloß was geben. Der will auch was von uns haben. Er hat uns nicht bloß was geschenkt, er hat auch was von uns verlangt. Er verlangt, daß wir an ihn glauben. „Glaubt an Gott und glaubt an mich“, hat er gesagt, und weiter, Vers 40: „Mein Vater will, daß jeder, der den Sohn sieht und an ihn glaubt, das ewige Leben hat, und ich werde ihn auferwecken am Jüngsten Tage.“ Nach diesem Satz beginnt der Protest, Vers 41: „Da entrüsteten sich die Zuhörer über ihn und sagten: Ist das nicht der Jesus, der Sohn des Joseph? Seine Eltern kennen wir doch!“
Solange er ihnen kostenlos Brot zu essen gab und sie sich bei ihm durchschlauchen konnten, war ihnen egal, aus welcher Familie er stammte. Aber jetzt, als er Glauben ver-

langt, da heißt es plötzlich: „Na, den kennen wir doch! Sein Vater ist doch der Zimmermann Joseph, bei dem in der Werkstatt ham wir uns immer Hobelspäne für unsere Meerschweinchen geholt, und seine Mutter, die Marie, das ist doch die, die immer bei Aldi als Verkäuferin aushilft. Mit seinen Schwestern waren wir in der Tanzstunde, und mit dem Jesus ham wir doch noch vor paar Jahren auf dem Dorfplatz Fußball gespielt – wieso spielt denn der sich hier auf, er wäre der Sohn Gottes, und wieso sollen wir an ihn glauben?"

Im Zeitalter des Wassermanns

Ihr seht, der Glaube an Jesus war schon immer eine Zumutung. Das war damals auch nicht leichter als heute. Jedenfalls gilt für damals und heute dasselbe: Wenn du das ewige Leben haben willst, wenn du zu Gott willst, mußt du an Jesus glauben. Jesus hat extra gesagt: „Ich bin der Weg, die Wahrheit und das Leben. Niemand kommt zum Vater außer durch mich." Diesen Ausschließlichkeitsanspruch hat Jesus gestellt. In diesem Punkt ist er absolut intolerant. Wo es um dein Heil, deine Rettung, deine ewige Seligkeit geht, da läßt er nichts und niemanden außer sich gelten, keine andere Religion, Philosophie oder Weltanschauung.
Dieser Absolutheitsanspruch ist schon das erste, was die meisten unerträglich finden, zumal heute im Zeitalter des New-Age, wo alle Gegensätze sich in Harmonie umarmen, weil alle recht haben und keiner die Wahrheit allein hat. Da ist natürlich so einer wie Jesus, der von sich behauptet: „Ich bin die Wahrheit", einfach unmöglich. Im Zeitalter des Wassermanns, wo alles verwässert wird, steht Jesus wie ein Pfeiler im Strom der Zeit, an dem sich die Fluten teilen und Gischt und Geifer des empörten Widerstandes hochspritzen.
Und das zweite, was viele an dem Absolutheitsanspruch so unerträglich finden: daß der Anspruch, der einzige Retter

der Welt zu sein, ausgerechnet von einem gestellt wird, der am Kreuz endet. Das Ideal der Masse ist einer, der Brot gibt, aber nicht einer, der sein Leben gibt. Was gewünscht wird, ist ein Brötchengeber, ein Semmeljesus, aber kein Sterbender, der sich selbst verleugnet und Selbstverleugnung verlangt.

Wie ich dir, so du mir

Solange die Kirche jedem Atheisten, der gegen Honecker war, ein Dach bot, war die Kirche Spitze, und die Massen strömten zu Tausenden. Als die Kirche dem Atheisten Honecker ein Dach bot, war's mit der Beliebtheit Sense, und die Austrittswelle ging los. Es war wie zur Zeit von Jesus: solange er den Massen Brot gab, gaben sie Beifall und waren dicke da. Sobald er ihnen zu verstehen gab, daß er Glauben verlangt, gaben sie den Löffel ab und machten sich dünne.

Jesus sagt, Vers 48ff: „Ich bin das Brot des Lebens. Wer von diesem Brot essen wird, der wird leben in Ewigkeit, und das Brot, das ich ihm geben werde, das ist mein Fleisch, welches ich geben werde für das Leben der Welt." Hier redet Jesus von seinem Tod. Er will sagen: Nur dadurch, daß ich am Kreuz sterbe, könnt ihr leben.

Kaum hat Jesus seine Predigt beendet, stürzen schon einige auf ihn los: „Du machst es uns zu schwer. So geht das nicht!" Vers 60: „Viele seiner Jünger hörten das und sagten: Was er da redet, geht zu weit! So etwas kann man nicht mit anhören." Und jetzt ist interessant, wie Jesus auf diese Kritik reagiert. Er hätte ja sagen können: „Oh, das tut mit leid. Ich wollte niemandem zu nahe treten. Natürlich braucht ihr das alles nicht so genau zu nehmen, und wenn ihr von Gehorsam, Opfer, Leiden, Sterben und Kreuz nichts hören wollt, dann werde ich in Zukunft etwas sanfter predigen."

An vielen Punkten macht unsere Kirche das bis heute so.

Aus lauter Angst, jemandem zu nahe zu treten, tritt sie leise. Aus lauter Angst, jemanden zu verlieren, verliert sie möglichst kein Wort mehr über Sünde, Hölle, Gericht, Verdammnis und Bekehrung. Aus lauter Angst, jemanden vor den Kopf zu stoßen, entfernt sie alles Anstößige aus ihrer Botschaft und verhökert ihre Dienste zu herabgesetzten Preisen.

Das ist ja nicht mehr feierlich

Du glaubst nicht an Gott? Du glaubst nicht, daß Gott die Ehe gestiftet hat? Du glaubst nicht, daß an Gottes Segen alles gelegen ist? Macht nichts, wir machen für dich trotzdem einen „Gottesdienst anläßlich der Eheschließung", ohne den Segen, aber mit Glocken, dann kannst du in der Kirche heiraten, ohne in der Kirche zu sein, bei uns ist kein Unding unmöglich!
Oder: Du glaubst nicht an Gott? Hast ihn ein Leben lang abgelehnt? Hast nie am heiligen Abendmahl teilgenommen? Hast überhaupt nicht zur Kirche gehört? Macht nichts, wir machen für dich trotzdem eine Beerdigungsfeier.
In 2000 Jahren Kirchengeschichte hat es so was noch nicht gegeben. Pfarrer, die Atheisten beerdigen, schaufeln das Grab der Kirche. Mit dieser Anbiederung an die Welt, mit dieser Angleichung an den Zeitgeist, mit dieser Kompromißbereitschaft verliert die Kirche den letzten Rest an Glaubwürdigkeit. Das ist der Ausverkauf der Kirche.

Und keinen Millimeter daneben

Jesus jedenfalls hat sich nie so billig verkauft. Er ist nie auch nur einen Millimeter von dem Satz abgewichen, den er hier in Vers 47 sagt: „Wer an mich glaubt, hat das ewige Leben." Und als sie anrücken und sagen – Vers 60 –: „Das geht zu weit! So etwas kann man einfach nicht mit anhö-

ren!", da sagt er nicht: „Na gut, ich korrigiere mich. Ich sag nicht mehr: Wer an mich glaubt, sondern ich sage: Wer ein bißchen an mich glaubt, oder: Wer gar nicht an mich glaubt, aber von sich glaubt, ein guter Mensch zu sein, der hat das ewige Leben." Nein, das sagt er nicht. Im Gegenteil, Vers 61: „Jesus merkte, daß sie sich entrüsteten. Deshalb sagte er zu ihnen: Das ärgert euch wohl?" Statt also zu besänftigen, schürt er noch das Feuer. Statt zu verhindern, daß manche Jünger abhauen, provoziert er es noch. Nur eine kompromißlose Verkündigung führt zu einer radikalen Bekehrung, und ohne Bekehrung kommt niemand in Gottes Reich. Und das ist ja das Ziel, auf das alles ankommt: daß du in den Himmel kommst. Mann, du sollst gerettet werden!
Dazu ist erstens ein Entschluß nötig: Ja, ich will Christ sein. Diesen Entschluß nennt man die Bekehrung – Umdenken! Und zur Bekehrung ist zweitens die Bewährung nötig: Ja, ich will als Christ leben, das tun, was Jesus sagt. Diese beiden Dinge – die Bekehrung und die Bewährung – fehlen dem Mitläufer. Der kennt nur die Verehrung. Jesus will keine Verehrer, sondern Nachfolger, die ohne Rücksicht auf Verluste, auf andere Menschen oder Mächte, ihm allein gehorchen – auch dann, wenn es schwer wird und die Nachfolge Nachteile bringt.

Keine halben Sachen machen

Als das die Massen verstanden, standen sie nicht mehr auf Jesus. Als das Kreuz die ersten Schatten vorauswarf, warfen die ersten das Handtuch. Da begann die große Abwanderung, Vers 66: „Von da an wandten viele seiner Jünger sich ab und gingen nicht mehr mit ihm."
Wenn einem Parteichef die Gefolgschaft davonläuft, wird er versuchen, sie irgendwie festzuhalten, Kurs zu ändern, kürzer zu treten, Kompromisse anzubieten. Jesus hat diesen Versuch nicht gemacht, er ist ja kein Parteichef, der um die

Gunst seiner Genossen feilschen muß. Sondern er ist der Sohn Gottes, die Wahrheit in Person, er hat von sich gesagt: „Ich bin die Wahrheit." Und die Wahrheit verkauft sich nicht zu herabgesetzten Preisen. Sie ist nicht heute *so* und morgen *so*, sondern *heute* so und *morgen* so, die ist immer gleich. Und wenn Jesus einmal gesagt hat: Ich will euch ganz, mit Leib und Seele, dann kann er nicht auf einmal sagen: „Nuja, also gut, ich bin ja schon zufrieden, wenn ihr mir ein bißchen was von eurem Leben gebt. Wenn ihr immer mal zur Gemeinde kommt, das reicht mir schon. Und mal ein Seitensprung, eine kleine Notlüge, da bin ich nicht kleinlich, Hauptsache, ihr seid irgendwie so'n bißchen christlich. Und meine Worte, die braucht ihr nicht so wörtlich zu nehmen..." So hat Jesus nie gesülzt. Sondern wenn er gesagt hat: Liebt eure Feinde, dann hat er das auch wörtlich so gemeint und dir nicht erlaubt, irgendeinen Klassenfeind oder Klassenkameraden oder Klassenlehrer zu hassen.

Und wenn er gesagt hat: Du sollst nicht ehebrechen, dann hat er das auch wörtlich so gemeint und dir nicht erlaubt, vor und während der Ehe Geschlechtsverkehr mit einem anderen Partner zu haben. Wenn er gesagt hat: Du sollst lieben Gott den Herrn von ganzem Herzen, von ganzer Seele, von ganzem Verstand und mit allen deinen Kräften, dann hat er dir nicht erlaubt, mit halbem Herzen Christ zu sein, sondern er hat die Halbherzigkeit mit schärfsten Worten verdammt: „Ich weiß Bescheid über euer Tun. Ich weiß, daß du weder kalt noch warm bist. Wenn du wenigstens eins von beidem wärst! Aber du bist weder warm noch kalt, du bist lauwarm. Darum werde ich dich aus meinem Munde ausspucken" (Offb. 3,15).

Das sind scharfe Worte. Aber nicht ein einziges seiner scharfen Worte hat er entschärft. Nicht eine einzige seiner radikalen Forderungen hat er zurückgenommen. Lieber hat er die Massen, die davor zurückschraken, abwandern lassen.

Das ist die richtige Perspektive!

Wenn einer so radikal ist, ist es natürlich kein Wunder, wenn er eines Tages ziemlich allein dasteht. Das ist Jesus passiert. Plötzlich stand er mit seinen zwölf Jüngern allein da. Und da hat er die Jünger nicht angebettelt: „Meine Freunde, bleibt doch wenigstens ihr bei mir." Nein, in dem Augenblick, als sie alle abhauten, hat er sich zu seinen Jüngern umgedreht, ihnen voll ins Gesicht gesehen und gefragt: Und ihr? Was habt ihr vor? Wollt ihr mich auch verlassen?

Er hat es den Zwölfen freigestellt, ihn zu verlassen. Er stellt es auch euch frei. Jesus ist wirklich ein König, ein Herr. Der rennt euch nicht nach wie ein Bettler. Der winselt nicht um eure Gunst, ob ihr vielleicht so lieb sein wollt, ihm ein bißchen zu folgen. Denke doch ja nicht, du tust Jesus einen Gefallen, wenn du dich bekehrst. Die Sache ist genau umgekehrt: Er tut dir einen Gefallen, wenn er dir das ewige Leben anbietet. Ich bitte dich: Bedenke, wer du bist und in welcher Situation du bist! Du bist vor Gottes Gericht angeklagt. Du hast mit Recht Gottes Strafe verdient, weil du Gott nicht gedient hast, weil du ihm nicht die Ehre gegeben hast, weil du seine Gebote nicht befolgt hast, weil du ein Sünder bist.

Steig herunter vom hohen Roß

„Ja, was heißt hier Sünder?!" sagen manche. „Ich weiß gar nicht, wieso ich ein Sünder sein soll, ich wüßte ehrlich überhaupt nicht, wo in meinem Leben Sünde ist." Wirklich nicht? Dann will ich dir nur eine einzige Frage stellen. In der Bibel steht: „Du sollst Gott deinen Herrn lieben von ganzem Herzen, von ganzer Seele, mit ganzem Verstand und allen deinen Kräften, und deinen Nächsten wie dich selbst." Na und? Hast du deinen Nächsten immer geliebt wie dich selbst? Na bitte. Wenn du auch nur einen Funken

Ehrlichkeit und Selbsterkenntnis besitzt, mußt du zugeben, daß du dieses Gebot nicht erfüllt hast. Dieses eine Bibelwort genügt, um dir zu beweisen, daß du ein Sünder bist. Und obwohl du vor Gott schuldig bist, hat Gott sich was ausgedacht, um dir die Strafe zu ersparen. Gott hat dich nämlich lieb. Er will dich nicht strafen, sondern retten. Er hat seinen Sohn Jesus geschickt, und als der am Kreuz starb, starb er an deiner Stelle. Er nahm die Strafe auf sich, die du verdient hast, die Todesstrafe. Welchen Beweis für Gottes Liebe erwartest du denn noch? Wenn du an Jesus glaubst, bist du gerettet!

Unvergängliche Worte

Wenn du das nicht glauben willst, dann kannst du deinen Lebensweg ohne ihn gehen, Jesus wird dich genausowenig halten wie damals seine Jünger. „Und ihr? Wollt ihr mich auch verlassen?" Da antwortete Petrus, Vers 68: „Herr, wohin sollen wir gehen? Du hast Worte des ewigen Lebens, und wir haben erkannt und geglaubt, daß du bist der Heilige Gottes."
Das ist eigenartig: Die Jünger, die von Jesus weggehen, begründen das mit dem Argument, seine Worte seien hart und unerträglich. Die Jünger, die bei Jesus bleiben, finden in den gleichen Worten das ewige Leben. So verschieden wird das gleiche Wort gehört, je nachdem, ob einer zum Gehorsam bereit ist oder nicht. Denn nur, wer Jesus gehorcht, erfährt, daß er die Wahrheit sagt.
Wenn du nicht an Jesus glauben kannst, dann liegt das nicht an deiner Intelligenz, sondern an deiner Sünde, an deinem Stolz, an deinem Ungehorsam, weil du nicht bereit bist, der Autorität Jesu zu gehorchen. Du lehnst ihn nicht ab, weil er für dich ein intellektuelles Problem ist, sondern weil du dein Leben nicht ändern willst. Glauben an Jesus ist Willenssache. Deshalb sagt er ja auch damals zu seinen Jüngern und heute zu euch: Wollt ihr auch weggehen? Die

zwölf Jünger wollen nicht und können nicht. Wer einmal erkannt hat, daß Jesus der Sohn Gottes ist, der kommt nicht wieder von ihm los. Petrus erkennt ganz klar: Ein Leben ohne Jesus ist kein Leben.

Gewinner auf der ganzen Linie

Mir geht es wie dem Petrus. Ich kann mir mein Leben ohne Jesus wirklich nicht mehr vorstellen. Jesus, das ist der Sinn meines Lebens, der Maßstab meines Lebens, ohne ihn wäre ich nichts, ohne ihn läuft bei mir nichts, ohne ihn ist mein Leben unmöglich, meine Zukunft undenkbar.
Zu meiner Zukunft gehört auch mein letzter Tag. An dem Tag, an dem ich sterbe, werde ich nicht allein sein. Er wird bei mir sein und mir seine Hand auf die Stirn legen. Am Jüngsten Tage wird er mich vom Tod auferwecken. Er wird mich bei der Hand nehmen und mich aus der Finsternis des Todes hineinführen in das volle Licht von Gottes Ewigkeit.
Ich frage dich jetzt: Wenn du Jesus ablehnst – wohin oder zu wem willst du dann gehen? Wer soll der Maßstab deines Lebens sein? Soll's ein Politiker sein? Politik muß sein. Es gibt gute und schlechte Politiker. Aber auch der beste Politiker kann bestenfalls deine äußeren Verhältnisse verbessern. Aber nicht dein Verhältnis zu Gott. Das kommt nur in Ordnung, wenn deine Sünde aus der Welt ist, und die kann nur Jesus wegschaffen. Die Worte der Politiker sind schnell vergessen. Was die heute sagen, gilt oft schon morgen nicht mehr. Die sagen nach der Wahl und nach der Wende oft das Gegenteil von dem, was sie vor der Wahl und vor der Wende gesagt haben.
Was Jesus sagt, gilt ewig. Wenn du ihm deine Sünden bekennst und er sagt zu dir durch den Mund eines seiner Diener: „Deine Sünde ist dir vergeben" – dann hat das ewige Gültigkeit. Dann kann dich diese Sünde nie wieder belasten, weder in Zeit noch in Ewigkeit. „Deine Sünde ist dir

vergeben, geh hin in Frieden" – das sind Worte des ewigen Lebens.
Oder willst du dich der Wissenschaft anvertrauen? Auch Wissenschaft muß sein. Es gibt echte Wissenschaft und Scheinwissenschaft. Gerade echte Wissenschaft kennt ihre Grenzen, die Begrenzung auf das menschliche Beobachten und Denken, und sie kann dir deshalb keine Hilfe geben für das Gebiet, das über das menschliche Denken hinausgeht, für Gottes Reich und die Ewigkeit. Die Wissenschaft gibt dir Wissen, aber kein gutes Gewissen. Sie kann vielleicht durch ärztliche Kunst deinen Tod aufschieben, aber sie kann dich nicht vom Tod auferwecken. Jesus sagt, Vers 54: „Wer mein Fleisch ißt und mein Blut trinkt, der hat das ewige Leben, und ich werde ihn am Jüngsten Tage auferwecken." Das sind Worte des ewigen Lebens.

Von deinem Willen hängt es ab!

Ich habe in meinem Leben Tausende Bücher gelesen. Aber ich kenne keinen Philosophen und keinen Dichter, der je so etwas gesagt hätte, der es gewagt hätte, so was zu sagen, der es geschafft hätte, so was zu sagen. Und ich kenne kein Wort eines Menschen, das mir im Angesicht des Todes helfen könnte. Mir genügt für meine Sterbestunde, was Jesus hier sagt, Vers 40: „Denn das ist der Wille meines Vaters, daß, wer den Sohn sieht und glaubt an ihn, das ewige Leben habe; und ich werde ihn auferwecken am Jüngsten Tage." Das sind Worte des ewigen Lebens! Mehr wird dir von niemandem geboten. Mit weniger solltest du nicht zufrieden sein.
Und deshalb bitte ich dich jetzt im Namen des liebenden Gottes, der dich so liebt wie seinen eigenen Sohn: Komm zu Jesus. Egal, wer du bist, wie du bisher gelebt hast, wie weit du dich von Gott entfernt hast. Die Entfernung zwischen Gott und dir beträgt nur einen einzigen Schritt: das ist der Schritt der Bekehrung.

Jesus sagt: Wer zu mir kommt, den schicke ich nicht wieder weg. Worte des ewigen Lebens! Du kannst, wenn du willst, von heute an bis in alle Ewigkeit zu Hause sein.

Mach aus Sorgen ein Gebet

Matthäus 6,25-34 8. September 1991

Im Sommer war ich in Frankreich. Ein bißchen Französisch kann ich ja, z.B. Merci chéri, das hatte ich bei Udo Jürgens gelernt, und ansonsten ist die Sprache wirklich kinderleicht. Das Wort „Kind" beispielsweise heißt bei denen „enfant". Ist doch klar: Ein Kind ist ein Anfänger, ist am Anfang. Bloß daß die Franzosen das „n" nicht so sprechen wie wir, sondern durch die Nase, also nicht Anfang, sondern enfant.
Seht ihr, so einfach ist das. Nein, die Sprache war nicht mein Problem, ich hatte dort andere Sorgen.

Aufs Nötigste kann ich verzichten

Mein Ziel war der Süden. Und als ich in Orange ankam – Orange heißt orange, wie die Farbe oder die Apfelsine, al so ich sage doch, Französisch ist ein Kinderspiel –, da bin ich fast durchgedreht. Da stand ich unter den Platanen, ich hörte die Grillen zirpen wie wahnsinnig, ich sah den römischen Triumphbogen wie auf der Postkarte... Wonach ich mich immer gesehnt hatte, das konnte ich jetzt sehen, in Wirklichkeit! Ich war da! Also ich war vor Glück ganz aus dem Häuschen. Dann bin ich ins Hotel, hab nur das Nötigste mitgenommen und die Koffer im Auto gelassen. Am nächsten Morgen eile ich beschwingten Schrittes zu meinem Auto und will meine Rundfahrt fortsetzen, aber daraus wurde nichts, so nach dem Motto „‚Jetzt geht's rund', jubelte der Spatz und flog in den Ventilator." Denn als ich auf den Parkplatz zu meinem Auto komme, da denk ich, mich trifft der Schlag: Eine Scheibe eingeschlagen und die Koffer mit sämtlichen Klamotten geklaut.
Als ich so dastand, nur noch mit dem, was ich auf dem

Leib und in meinem Handköfferchen hatte, da kam wie eine Welle die Sorge auf mich zu: Was mach ich jetzt? Und da fiel mir ein, was ich eine halbe Stunde vorher gelesen hatte. Denn bevor ich mein Hotel verließ, hatte ich Stille Zeit gehalten und in der Bibel gelesen. An dem Tag, es war der 29. Juli, war die Lesung Matthäus 6,25-34.

„Darum sage ich euch: Macht euch keine Sorgen um Essen und Trinken und um eure Kleidung. Das Leben ist mehr als Essen und trinken, und der Körper ist mehr als die Kleidung. So seht euch die Vögel an! Sie säen nicht, sie ernten nicht, sie sammeln keine Vorräte – aber euer Vater im Himmel sorgt für sie. Und ihr seid ihm doch viel mehr wert als alle Vögel! Wer von euch kann durch Sorgen sein Leben auch nur um einen Tag verlängern?

Und warum macht ihr euch Sorgen um das, was ihr anziehen sollt? Seht, wie die Blumen auf den Feldern wachsen! Sie arbeiten nicht und machen sich keine Kleider; doch ich sage euch: nicht einmal Salomo bei all seinem Reichtum war so prächtig gekleidet wie irgendeine von ihnen. Wenn Gott sogar die Feldblumen so ausstattet, die heute blühn und morgen verbrannt werden, wird er sich dann nicht erst recht um euch kümmern? Habt doch mehr Vertrauen!

Macht euch also keine Sorgen! Fragt nicht: ‚Was sollen wir essen?' Was sollen wir trinken?' Was sollen wir anziehen?' Damit plagen sich Menschen, die Gott nicht kennen. Euer Vater im Himmel weiß, das ihr all das braucht. Sorgt euch zuerst darum, daß ihr euch seiner Herrschaft unterstellt und tut, was er verlangt, dann wird er euch schon mit all dem anderen versorgen. Quält euch nicht mit Gedanken an morgen; der morgige Tag wird für sich selber sorgen. Ihr habt genug zu tragen an der Last von heute."

Das hört sich gut an, was? Mit Vögeln und Lilien und so. Aber ich sage euch: Als ich in Südfrankreich auf dem Parkplatz stand, waren mir die Vögel und Grillen und die Lilien, von denen Jesus in aller Sorglosigkeit spricht, ziemlich egal. Was heißt hier keine Sorgen machen? Ich *mußte* mir welche machen. Ich besaß noch zwei T-Shirts, und vor allem mußte ich mir schleunigst eine neue Autoscheibe besorgen.

Keine Sorge – Selbstfürsorge

Aber schon bei diesem Wort „besorgen" merken wir, daß Jesus seine Rede von der Sorglosigkeit nicht so gemeint haben kann, als brauchten wir uns um nichts mehr zu kümmern, als könnten wir die Hände in den Schoß legen und warten, bis Gott uns das Frühstück bringt.
Selbst den Vögeln, die Jesus hier erwähnt, fliegt das Futter nicht in den Schnabel, sondern auch die müssen den ganzen Tag rumfliegen und Futter besorgen.
Und ich mußte losgehen und eine Autoscheibe besorgen, und du mußt losgehen aufs Arbeitsamt, um dir eine Stelle zu suchen, du mußt deine Kinder versorgen usw. So hat jeder von uns Dinge, für die er zu sorgen hat, und Jesus denkt überhaupt nicht daran, deine Aktivität, deinen Arbeitseinsatz, deine Anstrengungen zu blockieren. Gegen Vorsorge, Fürsorge und Seelsorge hat Jesus nichts einzuwenden. Was meint er aber dann mit seinem Satz: „Macht euch keine Sorgen, was ihr anziehen werdet."
Wenn das heißen soll, daß es egal ist, ob wir uns und was wir uns für Klamotten umhängen, dann müßten wir alle, zumindest die Frauen, jetzt ein schlechtes Gewissen haben. Denn eine Frau, die sich keine Sorgen macht um das, was sie anziehen soll, die gibt es auf der ganzen Welt nicht.

Cool bleiben

Aber da kann ich euch beruhigen. Ihr braucht kein schlechtes Gewissen zu haben, wenn ihr einen Kleiderschrank, einen Kühlschrank oder einen Geldschrank habt. Auch der Wanderprediger Jesus hatte mit seinen Jüngern

eine Kasse. Er hat nicht einfach ins Blaue hineingelebt, sondern sich sehr viele Gedanken über die Zukunft gemacht. Ohne planende Vorsorge für die Zukunft kann kein Mensch mit Verantwortungsgefühl leben, auch der Christ nicht.
Wer uns Christen mal während der Woche beobachtet und unsere Gespräche mithört, so wie früher die Stasi, der dürfte kaum auf die Idee kommen, daß wir uns um unser Leben weniger Sorgen machen als andere Leute. Sondern man hat den Eindruck, daß bei uns die Sorge um Essen, Geld und Kleidung, also die Sorge um den Lebensstandard, die gleiche Rolle spielt wie bei andern auch. Zur Zeit muß man sogar sagen, daß in der Kirche noch nie so viel von Geld geredet worden ist wie heute.
So soll es zwar nicht sein, aber so ist es, weil wir Christen für den Liter Sprit genausoviel blechen und Pfirsiche genauso gern essen wie andere Leute auch, also weil wir Menschen sind wie alle anderen. Und die Sorge gehört zum Wesen des Menschen wie die Kälte zum Winter und der Schaum zum Bier. Daß die Sorge zum menschlichen Dasein gehört, das wird hier von Jesus ja nicht verneint, sondern vorausgesetzt. Sorge ist eine eiserne, unumgängliche Lebensnotwendigkeit. Gerade weil das so ist und Jesus uns mit unseren Sorgen ernst nimmt, deshalb nimmt er hier zu diesem Problem Stellung. Weil er uns nämlich helfen will, mit diesem Lebensproblem fertig zu werden. Denn er sagt ja nicht: „Ihr dürft keine Sorgen haben", sondern er sagt: *Weil* ihr Sorgen habt, sage ich euch, wie ihr sie loswerden könnt.

Die Optik der armen Sau

Nun klingt seine Rede von der Sorglosigkeit zunächst mal irgendwie wirklichkeitsfremd, romantisch, naiv, von Vögeln und Blumen und so, wie die Rede eines Dichters, Träumers oder Reichen. Klar, wer satt ist und im Schrank

ein paar Anzüge von Boss hängen hat, hat keine Kleidersorgen und kann sich eine Portion Romantik leisten. Nun stammt diese Rede hier aber nicht von einem romantischen Dichter oder reichem Playboy, sondern von Jesus. Und der war so arm, daß er nicht mal ein eigenes Bett hatte, geschweige denn einen Kleiderschrank. Der redet hier nicht von oben herab aus der Vogelperspektive, sondern aus der Perspektive eines armen Schweines. Der philosophiert hier nicht, weil er über den Problemen des Lebens schwebt; sondern weil er mit uns darunter leidet und die Probleme unseres Lebens teilt. Das einzige Mal, als er geschwebt ist, da schwebte er zwischen Himmel und Erde, angenagelt an ein Kreuz, um an unserer Stelle die Strafe für unsere Sünden zu erleiden und uns dadurch zu erlösen. Der Mann ist unseren Tod gestorben. Der Mann hat unser Leben gelebt. Und schon aus den äußeren Lebensumständen dieses Mannes wird klar: Der empfiehlt hier nichts, was er nicht selber ernst nimmt und macht.
Jesus gehörte nicht zu denen, die anderen Wasser predigen und selber heimlich Wein trinken, so wie das z.B. Mohammed, der Stifter des Islam, gemacht hat. Der erlaubte seinen Anhängern den Besitz von Frauen im Harem nur in einem begrenzten Umfang, sich selber aber genehmigte er mehr weibliche Gesellschaft. Er hat das übrigens schlauerweise so begründet, daß er von Gott dazu eine Spezialerlaubnis bekommen hat. Da kann man natürlich nichts machen.

Auch das sieht Theo logisch

Wie gesagt, so einer ist Jesus nicht. Sondern alles, was er seinen Anhängern sagte, hat er selber praktiziert. Nur aus diesem Grund hat es ja auch für uns einen Sinn, daß wir auf das hören, was Jesus sagt. Denn von Leuten, die uns Sachen empfehlen, an die sie sich selber nicht halten, haben wir genug.

Aber hier ist einer, der genau nach dem lebt, was er sagt. Und er sagt hier also: „Sorgt euch nicht um euer Leben." Und er sagt das nicht nur so, sondern er begründet es auch, indem er mit logischen Argumenten unseren Verstand anspricht. Wenn du deine Sorgen mal mit kühlem Verstand analysierst, kommst du zu dem Ergebnis: Es ist Unsinn und unnütz, sich Sorgen zu machen. Denn was kommt raus, wenn du dir Sorgen machst? Sorgenfalten im Gesicht sind noch das Harmloseste. Was schlimmer ist, ist Nervosität, schlechte Laune, Gallensteine und Krach mit deiner Frau. Etwas Positives erreichst du mit deinen Sorgen nicht. Mit Sorgen wird nichts gebessert, sondern nur verschlechtert. Ich zum Beispiel – bloß, damit ihr mal seht, was ich für ein Blödmann bin – mache mir manchmal, wenn ich mit dem Auto losfahre, schon eine Rübe, ob ich in der Stadt, in die ich will, einen Parkplatz finden werde. Das ist natürlich absolut idiotisch, und selbst wenn ich mir 300 Kilometer lang Sorgen mache, kriege ich dadurch nicht einen einzigen Millimeter Parkplatz.

Offener Abend und raus und wupp

Ich muß aber sagen, daß ich in dieser Hinsicht gerade im letzten Jahr einiges gelernt habe. So hatte ich einmal einen Offenen Abend in Stuttgart zu halten. Schon auf den Einladungszetteln stand: „Bitte benutzen Sie öffentliche Verkehrsmittel, da Parkmöglichkeiten kaum vorhanden sind."
Als ich nun abends ins Stuttgarter Zentrum fuhr, sagte mir die Quartiergeberin, es gäbe um diese Zeit kaum eine Chance für eine Parklücke. Aber in den vielen Jahren, in denen sie zum Offenen Abend fährt, hätte Jesus immer für eine Parklücke gesorgt.
Also haben wir jeder im stillen unsere Stoßgebete losgelassen: „Jesus, wir sind hier als deine Knechte, wir wollen heute abend für dich Dienst tun. Du weißt, wir haben keine Zeit, noch in der halben Stadt rumzukurven, wir brau-

chen jetzt für unsere zwei Autos eine Parkmöglichkeit, bitte hilf uns."
Als ich ankam, fuhr einer aus seiner Parklücke raus, und wupp, schon hatte ich meinen Parkplatz; dem andern Auto ging es genauso. Es hätte überhaupt nichts genützt, sich den ganzen Weg über Sorgen zu machen. Aber das Gebet zu Jesus, das hat genützt.
Jesus wendet sich also zunächst mal an unseren Verstand mit einem ganz logischen Argument, indem er fragt (V. 27): „Wer von euch kann durch Sorgen sein Leben auch nur um einen Tag verlängern?" Dagegen ist wirklich nichts vorzubringen. Im Gegenteil, die medizinische Wissenschaft bestätigt, daß Sorgen das Leben nicht verlängern, sondern verkürzen.

Zehn Jahre aufs Eis oder mitten ins Herz

Allerdings hat die Medizin heute Mittel, das Leben zu verlängern, die es zur Zeit von Jesus noch nicht gab. So kann man sich zum Beispiel in eine Tiefkühltruhe legen lassen, wie manche Amerikaner das schon tun, die unbedingt das Jahr 2000 miterleben möchten. Na sagt mal selber – zehn Jahre auf Eis liegen – ist das ein Leben?
Aber auch sonst können uns die Ärzte durch ihre Tricks noch eine Weile über Wasser halten, wo früher schon längst Sense war. Für diese Möglichkeiten der Medizin sind wir auch dankbar. Aber abgesehen davon, daß durch diese Aufschiebung des Sterbens die Sorgen nicht kleiner, sondern eher größer werden, bleibt es ja dabei: Jeder muß, wenn seine Stunde gekommen ist, aus dieser Welt gehen. Durch Sorgen verhindern wir unser Sterben nicht, wir beschleunigen es nur, jedenfalls wird durch Sorgen nichts gebessert.
Aber auch wenn wir das alles verstandesmäßig einsehen, sind wir unsere Sorgen noch lange nicht los. Denn die Sorge sitzt nicht im Kopf, sondern im Herzen. Also in einem

Bereich und einer Tiefe, wo kein Verstand, sondern nur der Glaube hinreicht. Deshalb ist die Erlösung von unseren Sorgen auch nicht eine Sache des Verstandes, sondern des Glaubens. Das Gegenteil von Sorge ist nicht Optimismus, sondern Glaube. Und Glaube ist das Vertrauen darauf, daß Gott unser Vater ist, der weiß, was wir brauchen, und der uns gibt, was wir brauchen.
Und deshalb läßt es Jesus nicht bei seinen logischen Argumenten bewenden, sondern er wendet sich an unser Herz und sagt: Eure erste und einzige Sorge muß sein, daß ihr dieses Vertrauen zu Gott habt, Vers 33: „Sorgt euch zuerst darum, daß ihr euch Gottes Herrschaft unterstellt und tut, was er verlangt, dann wird er euch schon mit all dem anderen versorgen." Oder, wie Luther übersetzt: „Trachtet zuerst nach dem Reich Gottes und nach seiner Gerechtigkeit, dann wird euch alles andere zufallen."

Jesus first!

Das ist nun aber auch wieder das genaue Gegenteil von der üblichen Lebensauffassung. Wer von uns kann denn schon von sich sagen, daß in seinem Leben Gott immer an erster Stelle steht? An erster Stelle kümmern wir uns um unser Vorwärtskommen, unser Einkommen, unsere Nachkommen, und erst danach, an zweiter, dritter, fünfter oder fünfzigster Stelle, kommt Gott. Erst mal was aus dem Leben machen, und wenn sich die Rente und die Gicht einstellt, ist immer noch Zeit, die Frage nach Gott zu stellen.
Auf Beerdigungen habe ich immer wieder erlebt, daß viele Leute meinen: Wenn einer sein ganzes Leben brav gearbeitet und sich um seine Familie gekümmert hat, wenn er also immer sich selbst und seine Leute mit Essen und Kleidung versorgt hat, dann wird ihm auch, wenn ihm die Augen zufallen, automatisch das Reich Gottes zufallen.
Das ist aber die genaue Umkehrung unseres Jesuswortes, und am konsequentesten hat Kwame Nkrumah, der frühere

Staatschef von Ghana, diese Umkehrung auf die Spitze getrieben. Dessen Wahlspruch hieß: „Trachtet zuerst nach dem politischen Reich, dann wird euch alles andere zufallen."
Diese lästerliche Verdrehung eines Bibelwortes war auch auf dem Sockel des Denkmals eingemeißelt, das Nkrumah zu seinen Lebzeiten von sich anfertigen und vor seinem Parlamentsgebäude aufstellen ließ. Das Ergebnis war aber nicht, daß Nkrumah alles andere zufiel, sondern daß er mitsamt seinem Denkmal umfiel. Danach war Ghana, früher ein reiches Land, ruiniert, und euch ist nicht mal mehr der Name dieses Mannes bekannt, der sich als Messias und Erlöser wie Christus verehren ließ – woraus ihr übrigens ersehen könnt, daß unser Jesuswort seine Gültigkeit nicht nur für einzelne Menschen hat, sondern für ganze Völker und Staaten.

Tiefdruckgebiet Kleinglaube

Dostojewski hatte recht mit seiner Warnung: „Jene, die Gerechtigkeit zu schaffen meinen, indem sie Christus leugnen, werden am Ende die Welt im Blut ertränken." Das kommunistische Weltreich, das ohne Gott aufgebaut wurde, hat 140 Millionen Todesopfer gekostet und fällt jetzt vor unseren Augen zusammen. Viele Pfarrer und Kirchenführer haben immer wieder den Satz nachgequasselt: „Der Antikommunismus ist die größte Torheit des Jahrhunderts." Die Wahrheit ist: Der Kommunismus ist die größte Torheit des Jahrhunderts, und die größten Toren sind die Theologen, die das nicht kapiert haben.
Aber wir wollen uns jetzt nicht über die mörderischen Kommunisten oder Nkrumah entrüsten, denn auch wenn wir es nicht so übertreiben wie die – praktisch machen wir es in unserem kleinen Lebensbereich oft genauso. Wir fragen auch nicht immer als erstes nach Gott. Wir haben nicht genug Vertrauen, daß er für uns sorgt, deshalb ma-

chen wir uns unnötigerweise selber Sorgen. Die Zahl unserer Sorgen ist das Barometer unseres Kleinglaubens. Sage mir, wie groß deine Sorgen sind, und ich sage dir, wir klein dein Glaube ist.
Das gilt auch umgekehrt. Ein chinesischer Pfarrer, den die Kommunisten über 22 Jahre ins Straflager gesperrt hatten, schrieb dort: „Alles muß zum Besten dienen. Ich bin mehr als ein Sperling."

I'm singing in the rain...

Wir werden also heute aufgefordert, es einmal andersherum als sonst zu versuchen, also Gott für uns sorgen zu lassen. Jesus schlägt dir vor: „Dreh die Reihenfolge um. Bring zuerst dein Leben mit Gott in Ordnung. Das soll deine Hauptsorge sein. Die Hauptsorge für die Hauptsache. Kümmere dich zuerst darum, daß du's Gott recht machst, den Rest macht dann Gott. Der weiß sowieso, was du brauchst."
Das Wichtigste im Leben ist also der Kontakt mit Gott. Kontakt mit Gott heißt anders ausgedrückt: Beten. Mach aus Sorgen ein Gebet – das ist die Lösung. Und es ist der Titel eines Liedes:

Mach aus Sorgen ein Gebet

Wenn du fertig und kaputt bist,
wenn dein Schreien dir nicht hilft,
wenn du sinnlos nur noch rumhängst,
wenn du dich so einsam fühlst:
Mach aus Sorgen ein Gebet.
Mach aus Sorgen ein Gebet,
wenn du Hilfe brauchst.

Wenn dein Hoffen hoffnungslos ist,
wenn dein Sehnen Sehnsucht bleibt,

wenn dein Zweifeln noch mehr zunimmt,
wenn du haltlos resignierst:
Mach aus Sorgen ein Gebet.
Mach aus Sorgen ein Gebet,
wenn du Hilfe brauchst.

Wenn du deinen Mut verlorn hast,
wenn du dich nicht ausstehn kannst,
wenn dein Glaube nicht mehr echt ist,
wenn du Gott nicht mehr verstehst:
Mach aus Sorgen ein Gebet.
Mach aus Sorgen ein Gebet,
wenn du Hilfe brauchst.

Wolfgang Tost

Sobald die Sorgen auftauchen, mußt du sie in Gebete umwandeln und in dieser Form Gott zur Bearbeitung übergeben. Dazu fordert uns auch unser Wochenspruch auf: „Alle eure Sorge werft auf ihn; denn er sorgt für euch."

Keine Bombe ohne Koffer

Sorgen sind ein hochexplosiver Stoff. Wer sie zu lange bei sich behält, dem zerreißen sie das Herz. Als mir bei meinem Herzinfarkt das Herz buchstäblich zerrissen ist, hat das zum Teil bestimmt an meiner Unfähigkeit bzw. an meinem Unglauben gelegen, meine Sorgen völlig an Jesus abzugeben.
Ich hab zuviel in mich reingefressen, und das ist lebensgefährlich. Du sollst deine Sorgen nicht tapfer runterschlukken, damit vergiftest du nur dich selber. Du sollst sie nicht verdrängen, so holst du dir nur eine Neurose oder einen Herzinfarkt. Nein, wegwerfen sollst du sie! Alle eure Sorgen werft auf ihn! Wirf sie weg, wie man eine gefährliche Bombe wegschleudert, bevor sie losgeht.

Bevor die Sorge dich zermürbt – wirf sie weg, und zwar direkt Jesus in die Arme. Er steht mit ausgebreiteten Armen vor uns und fängt alle Sorgen auf, besser noch als der Theodor im Fußballtor.
Ihm ist keine Sorge zu hoch oder zu tief, und ihm ist auch keine Sorge zu unbedeutend. Du kannst mit allem zu ihm kommen – auch mit einem fehlenden Koffer.
Als ich zum Kongreß für Weltevangelisation nach Manila geflogen bin, stand ich dort auf dem Flughafen mit den anderen Passagieren und wartete auf meinen Koffer, der sollte dort vor meiner Nase zusammen mit den anderen auf einem Band angefahren kommen. Meiner kam und kam nicht, und ich wurde immer nervöser, zumal vorher einer aus unserer Gruppe erzählt hatte, daß sein Koffer mal aus Versehen nach Australien geflogen wäre.
Als ich so dastand in meiner Aufregung, fiel mir der Psalm 23 ein: „Der Herr ist mein Hirte." Da gibt es eine moderne Übersetzung, die heißt: „Der Herr ist mein Bewährungshelfer." Da habe ich gebetet: „Jesus, du bist mein Reiseleiter. Es ist deine Sache, dich um alles zu kümmern, ich rechne damit, daß du dafür sorgst, daß ich meinen Koffer kriege."
So, ab da war ich meine Sorge los, hatte meine Ruhe und bald meinen Koffer.

Ach könnt' ich doch

„Alle eure Sorge werft auf ihn; denn er sorgt für euch." Es hat mal einer gesagt: „Das Gebet ist der Transformator, der die unerträglichen Spannungen unseres Lebens in die herrliche Freiheit der Kinder Gottes umformt."
Du kannst gegen Jesus und seine Rede von der Sorglosigkeit einwenden, was du willst, aber eins mußt du zugeben: Diese Rede beschreibt eine atemberaubende Freiheit, und wenn man sie hört, hat man die Sehnsucht: „Tja, wenn das ginge! Wenn ich so leben könnte! Das wäre schön!"
Du kannst! Vielleicht nicht immer, nicht an allen Tagen. Es

gibt Tage, da sind die Sorgen so übermächtig, da ist dieses Vertrauen zu Jesus nicht da, wie verschwunden. Aber du kannst es versuchen! Diese Sorglosigkeit gelingt vielleicht nicht das ganze Leben, aber manchmal, punktuell. Ich hab dir ein paar solcher Punkte aus meinem Leben genannt. Ich möchte dir Mut machen: Glaube an Jesus. Vertrau dich ihm an. Wenn er sagt: „Macht euch keine Sorgen!", dann ist das kein Befehl, sondern eine Erlaubnis.

Dont't worry – be happy

Ihr braucht euch keine Sorgen zu machen. Ihr seid in der Hand Gottes, und Gott, euer Vater, sorgt für euch. Das ist Freiheit. Das ist aber wirklich nur was für Menschen, die an Jesus glauben. Den andern bleibt nur das Weiterspielen, Überspielen, Runterspülen der Sorge nach dem Motto: „Es ist ein Brauch von alters her, wer Sorgen hat, hat auch Likör."

Wenn du es bisher ohne Jesus versucht hast, dann kann sich das ja ändern. Du kannst dich ändern. Wenn du Jesus jetzt als deinen Herrn annimmst, gehörst du ab sofort zu denen, denen sein Versprechen gilt: „Sorgt euch als erstes darum, daß ihr euch seiner Herrschaft unterstellt und tut, was er verlangt. Dann wird er euch schon mit allem anderen versorgen."

Peinlich, peinlich...

Apostelgeschichte 14,1-22 13. Oktober 1991

Auf einem europäischen Flughafen haben sich ein paar kirchenleitende Herren eingefunden. Sie erwarten Dr. Gottfried Osei-Mensah, das ist eine weltweit bekannte Führungspersönlichkeit der internationalen Lausanne-Bewegung für Weltevangelisation. Aus dem Flugzeug steigt ein jungaussehender kleiner Mann mit tiefschwarzer Hautfarbe. Er marschiert auf die Gruppe zu, murmelt etwas auf Englisch, wird aber von den Herren nicht beachtet, weil sie ihn für den Kofferträger von Gottfried Osei-Mensah halten. Der Schwarze stellt seinen Koffer ab und sich selber bescheiden neben die anderen in die Reihe und wartet auf die Dinge, die da kommen werden. Es kommt aber keiner mehr aus dem Flugzeug. Und als der schwarze Passagier sagt: „Ich bin der, auf den Sie warten – ich bin Gottfried Osei-Mensah", da begreifen die Herren: Der, den sie für den Kofferträger hielten, ist der erwartete Würdenträger. Das war zwar eine peinliche Situation, aber immer noch besser als umgekehrt, wenn einer enthusiastisch begrüßt wird und dann sagt: „Entschuldigen Sie, aber ich bin nicht der, für den Sie mich halten."

Zoff nach der Predigt

So ging es mal dem Apostel Paulus, als er in der Stadt Lystra war. Das steht in der Apostelgeschichte, Kapitel 14. Paulus war mit seinem Kollegen Barnabas aus Antiochien rausgeflogen, weil es Krach wegen seiner Predigt gegeben hatte. Drei Tage später kommen sie nach Ikonien. Auch dort predigen sie. Auch dort gibt es Krach.
Heutzutage hört man ja selten, daß es wegen Predigten Krach gibt. Wenn sich schon mal jemand über Predigten

aufregt, dann meistens deswegen, weil sie so langweilig sind. Nun war Paulus nicht gerade ein Volksredner, der die Leute von den Stühlen riß. Wie er gepredigt hat, das war gar nicht so umwerfend, aber was er gepredigt hat, brachte die Leute zum Steinewerfen, wie in Ikonien, wo sie ihn steinigen wollten.

Dort hatte er über die Gnade gepredigt. Gnade heißt: Gott rettet dich, obwohl du es nicht verdient hast. Von Rettung kann nur geredet werden, wo Gefahr ist. Gott sagt: Du bist in Lebensgefahr. Denn so, wie du bist, bist du verloren und gehst in die Hölle.

Weil Gott aber will, daß du zu ihm in den Himmel kommst, ist er auf eine geniale Idee gekommen. Er hat seinen Sohn auf die Erde geschickt. Der hat die Strafe für deine Sünden, die du verdient hast, auf sich genommen und ist am Kreuz an deiner Stelle gestorben. Er hat deine Schuld mit seinem Blut bezahlt. Das ist Gnade. Nicht du mußt für deine Sünde zahlen, sondern Jesus macht das für dich. Wenn du dieses Opfer annimmst, für dich in Anspruch nimmst, Jesus daraufhin ansprichst, bist du gerettet. Die Bibel sagt (Röm. 10,13): „Wer den Namen des Herrn anrufen wird, wird gerettet."

Is ja gar nich möglich!

Und nun sagen eben viele – heute genauso wie damals in Ikonien –: Das ist doch Spinni, das ist doch eine Frechheit. Erstens lassen wir uns nicht einreden, der Mensch wäre ein Sünder, sondern der Mensch ist gut. Zweitens lassen wir uns nicht solchen mittelalterlichen Mist wie die Hölle aufschwatzen, sondern die Hölle ist eine leere Drohung. Drittens lassen wir uns nicht darauf ein, daß einer, der vor langer Zeit an einem Kreuz starb, etwas mir unserem Leben zu tun hat. Das ist einfach Schwachsinn. Und deshalb, viertens, pfeifen wir auf Jesus.

Solange nur gepfiffen wird, geht's ja noch. Aber wenn Stei-

ne durch die Luft pfeifen, sieht die Sache anders aus. Damals wollten sie Paulus und Barnabas steinigen, und da sind die beiden abgehauen und landeten in einer Stadt namens Lystra. Als Paulus dort predigt, gibt's wieder einen Riesenkrach. Dabei fing alles so gut an.
Paulus ist also am Predigen, da entdeckt er unter seinen Zuhörern einen Behinderten. Der Mann war gelähmt und hatte seit seiner Geburt noch nie einen Schritt gehen können. Aber hören kann er. Und das macht er. Er hört zu und, so heißt es hier in Vers 9, er glaubt. Damit haben wir wieder mal einen der vielen Fälle, die die Bibel erwähnt, wo ein Mensch bei der ersten Predigt, die er hört, Christ wird.
Heute wird immer behauptet, das ginge nicht so schnell, da müßte man erst noch vieles vorher klären. Klar, das stimmt, aber nicht immer. In der Bibel und in der Praxis kommt es oft vor, daß sich einer gleich bei der ersten Predigt bekehrt. Und wenn du heute zum ersten Mal von Jesus hörst, dann kannst du dich auch heute bekehren, wenn du willst. Du brauchst nur zu sagen: „Ja, Jesus, ich will. Ich will dir glauben und mit dir leben."
Paulus merkt, daß der gelähmte Mann sich seiner Botschaft öffnet und glaubt. *Wie* er das gemerkt hat, weiß ich nicht, aber ich weiß: Man kann es manchmal Menschen ansehen, was in ihnen vorgeht.

Ganz aktuell

Ich hab mal ein vierzehnjähriges Mädchen beerdigt. Das hatte ein anderer Vierzehnjähriger erschossen, aus Versehen, während einer Veranstaltung der „Gesellschaft für Sport und Technik". Bei der Beerdigung war die ganze Halle vollgestopft mit Schülern, Lehrern, Funktionären der FDJ und Vertretern von Staat und Stasi. Ich habe – zitternd, aber frei von der Leber weg – davon geredet, daß Schußwaffen nicht in Hände von Kindern gehören.

Die Zuhörer fanden das unerhört, sie versteinerten zusehends – und ich redete gegen eine verschlossene Wand von finsteren Betongesichtern. Da entdeckte ich in der ersten Reihe ein Gesicht, das absolut offen war. Das war das Gesicht der Oma des erschossenen Kindes. Die hörte mir mit aufgerissenen Augen und sichtbarer Zustimmung zu. Sie hat mir hinterher erzählt, daß sie immerzu gedacht hat: „Los, Pfarrer, sag die Wahrheit."
Also, das hab ich irgendwie mitgekriegt. So ungefähr muß das beim Paulus gewesen sein, als er mitkriegt, daß der gelähmte Mann ihm seine Botschaft abnimmt und glaubt. Da wendet er sich mitten in seiner Predigt diesem Mann zu und sagt mit lauter Stimme, daß es alle hören können: „Stell dich auf die Füße!" Und da heißt es hier, Vers 10: „Und er sprang auf und ging los."
Ich zweifle nicht eine Sekunde, daß das wirklich so passiert ist. Ich zweifle auch nicht eine Sekunde, daß so was auch heute passiert, in unserer Zeit. Denn Jesus, durch dessen Kraft Paulus den Mann geheilt hat, ist ja heute derselbe wie damals, hat die gleiche Kraft und kann heute die gleichen Wunder tun wie damals. Er kann es nicht nur, er tut es auch. Er heilt auch in unseren Tagen kranke Menschen auf wunderbare Weise. Ich habe selber so eine Heilung miterlebt, und es gibt Leute, die das mitbezeugen können.

Steck den Kopf nicht in den Sand

Da war eine Frau, die hatte Krebs, und die Ärzte hatten sie aufgegeben. Sie hatten dem Ehemann schon gesagt, daß seine Frau nicht mehr zu retten sei. Die aber ist durch Gebet geheilt worden und lebt heute noch. Weil ich das bezeugen kann, kann mir niemand nachreden, ich würde daran zweifeln, daß auch heute noch Krankenheilungen durch Jesus geschehen.
Aber ich bezweifle, daß Krankenheilungen eine Missionsmethode sind, gleich gar nicht in öffentlichen Veranstaltun-

gen, wo die Heilungen schon vorher als Programmpunkt auf dem Einladungsplakat stehen. Und ich bezweifle, daß die Wundersucht, die in manchen kirchlichen Kreisen wuchert, biblisch gesund ist.
Es gibt nicht nur eine Sucht nach Drogen, es gibt auch eine Sucht nach Wundern, und das ist nicht normal. Normal ist, daß man mit Wundern rechnet. Es hat meines Erachtens keinen Sinn, sich Christ zu nennen, wenn man keine Wunder erwartet. Aber die Wundersucht und der Rummel, den manche drumherum machen, entspricht nicht der biblischen Norm. Die biblische Norm ist so: Gott tut Wunder, aber nur der Glaubende versteht sie richtig.

Sorry, kleine Verwechslung

Hier in unserem Fall ist es so, daß der Mann erst glaubt und dann geheilt wird, aber alle anderen verstehen das Wunder falsch und kriegen die Sache in den falschen Hals. Denn als die Massen sehen, wie der Gelähmte losgeht, geht keine Erweckung los, sondern ein Heidenlärm, bei dem die Apostel kein Wort mehr verstehen. Ein Aufschrei wie bei einem Fußballtor, und dann brüllen alle aus voller Kehle – Vers 11 –: „Die Götter sind den Menschen gleich geworden und zu uns heruntergekommen." Die haben also gedacht, Paulus und Barnabas wären Götter! Und sie wußten auch gleich, welche, nämlich die beiden obersten, die sie damals hatten, Vers 12: „...und nannten Barnabas Jupiter und Paulus Merkur."
Kein Wunder, daß die bei so einem Wunder so was denken, denn sie waren ja Heiden, die an Götter glaubten, die sich manchmal in Menschengestalt einen Kurzurlaub auf der Erde leisteten. In ihrer Religion gab es so eine Sage, daß Jupiter und Merkur mal in Menschengestalt da waren, und die Sage spielt ausgerechnet dort in der Nähe.
Es war also naheliegend, daß die guten Leute dachten: „Es ist mal wieder soweit: Die Götter kommen persönlich zu

Besuch!" Das Dumme war nur, daß Paulus und Barnabas gar nicht schnallten, was die Leute für Unsinn schnatterten. Das lag daran, daß die vor Aufregung in ihren Heimatdialekt verfielen, und den konnten die beiden Apostel nicht verstehen – wer versteht schon Lykaonisch!
Bisher war das Ganze auf Griechisch gelaufen. Griechisch war damals Weltsprache so wie heute Englisch, das verstanden alle. Und wenn Paulus auf Griechisch gesagt hatte: „Steh auf und geh", verstand das jeder – so wie heute jeder (egal, ob in Tokio, Borneo oder irgendwo) versteht, wenn einer sagt: „Stand up and go."
Bloß als der dann wirklich aufstand und ging, gingen den Leuten von Lystra die Nerven durch, und sie brüllten ihre Sprüche auf Lykaonisch, und das hatten die beiden Apostel nicht drauf. Sie wußten also zunächst überhaupt nicht, daß sie von der Bevölkerung soeben in den Stand von verdienten Göttern des Volkes erhoben worden waren. Es gab um sie herum ein Riesengewinke und Geschubse und Gepläke, und erst, als die Ochsen mitpläkten, dämmerte den beiden, was hier gespielt wurde. Vom Jupitertempel her erschien nämlich eine feierliche Delegation von Jupiter-Priestern, und diese Yuppies führten ein paar Ochsen, die waren geschmückt mit Kränzen, und das Ganze sah verdächtig nach einer Opferprozession aus.
Und da begreifen Paulus und Barnabas: Diese Ochsen halten uns für Götter. Die verwechseln uns mit ihren Götzen. Die wollen uns ein Götzenochsenopfer bringen. Als die beiden das mitkriegen, brennt bei ihnen die Sicherung durch. Auf der Stelle nehmen sie ein Bad in der Menge, und wie sich's bei einem Bad gehört, haben sie sich vorher ausgezogen. Sie zerreißen – als Zeichen höchster Empörung – ihre Klamotten und springen in Unterhosen unters Volk und schreien aus Leibeskräften: „Ihr Hirnis, wir sind nicht die, für die ihr uns haltet!" Vers 15: „Ihr Männer, was macht ihr denn da? Wir sind auch sterbliche Menschen, genau wie ihr. Mit unserer Predigt vom Evangelium wollen wir doch gerade erreichen, daß ihr euch bekehren sollt von

diesen falschen Göttern zu dem lebendigen Gott, der Weltall, Erde und Meer gemacht hat und alles, was darin ist."

Mach mal deine Augen auf

Abkehr von den falschen Göttern, Umkehr vom falschen Weg, Hinkehr und Heimkehr zum lebendigen Gott – das ist Bekehrung. Das ist das Ziel der Predigt der Apostel. Das ist das Ziel meiner Predigt. Das ist das Ziel Gottes mit dir. Gott möchte, daß dein Leben in Ordnung kommt, daß du ein gutes Gewissen bekommst, daß du endlich Frieden hast. Du hast bisher vielleicht noch nichts mit Gott zu tun gehabt, aber Gott hatte schon mit dir zu tun. Er hat dir Gutes getan, dich gutes Geld verdienen lassen, dir gut zu Essen gegeben und überhaupt Freude verschafft. So sagt es hier der Paulus, Vers 17: „Gott hat sich selbst nicht unbezeugt gelassen, hat viel Gutes getan und euch vom Himmel Regen und fruchtbare Zeiten gegeben, hat euch ernährt und eure Herzen mit Freude erfüllt."

Das ist ja auch Gnade, daß wir in einer Gegend der Erde geboren wurden, wo es genug zu essen gibt und niemand verhungern muß. Wir alle haben im letzten Jahr eine Menge Gutes genossen, was wir in der Zeit, als die Genossen die Macht über uns hatten, nicht hatten. Von A bis Z, vom Auto bis zum Zivildienst reichen die Freuden und Errungenschaften. Und während weltweit die Situation für Millionen Menschen täglich schlechter wird, wird es bei uns täglich besser. Der Sozialismus, der unser Land getötet hat, ist tot, wir haben keine Not, Auslandsreisen und freie Meinungsäußerung sind unser täglich Brot. Das einzige, was unserem Volk fehlt, ist die Dankbarkeit gegenüber Gott. Dem marxistischen Materialismus sind wir gerade noch entschlüpft, aber jetzt fahren alle voll ab auf den Materialismus westlicher Machart. Das Land ist übersät mit Imbißbuden, vor denen Tag und Nacht ein kauendes Völkchen steht. Unser Volk frißt. Manchmal möchte man dazwischenspringen und schreien: „Begreift doch endlich! Der Materialismus, egal ob marxistisch oder marktwirtschaftlich, ist der falsche Gott, das reicht als Lebensgrundlage nicht aus, deshalb bekehrt euch zu dem lebendigen Gott!" Ein Leben lang hat Gott dir zu essen gegeben und auf diese Weise durch Butterbrote zu dir gepredigt. Heute predigt er zu dir durch sein Wort und sagt dir: Bekehre dich! Denn nur, wenn du mit Gott gehst, geht dein Leben gut. Wohin ein Leben ohne Gott führt, habt ihr ja gesehen. Da gab's ja nicht einmal eine Imbißbude. Aber denk nicht, weil's jetzt Imbißbuden gibt, ist das Leben gelaufen. Ohne Gott wird deine Seele zwischen Imbißbuden, Geldinstituten und Sonderangeboten verhungern! Wenn du leben willst, dann lauf nicht länger in die falsche Richtung. Dann komm und kehr um zu Gott!

Theos Bekehrungsplatte? Nein danke!

Als Paulus und Barnabas anfangen, von der Bekehrung zu predigen, verkehrt sich die Situation total. Eben noch wurden sie als Götter bejubelt, jetzt werden sie als Gegner bekämpft. Die gleichen Leute, die ihnen eben noch Opfer bringen wollten, wollen sie jetzt umbringen. Sie greifen nach Steinen und fangen an, Paulus damit zu bombardieren. Als er einen Kranken heilte, war die Masse high. Als er ihnen sagte, wie ihr eigenes Leben heil werden kann, war's mit der Begeisterung vorbei. Als Paulus den Kranken heilte, hat er den Geschmack der Massen getroffen, das war religiöse Bedürfnisbefriedigung zur rechten Zeit, so einen Prediger empfindet man als göttlich, von der Sorte könnten wir heute paar Dutzend mehr gebrauchen. Aber als er zur Bekehrung auffordert, hat er bei den Massen verspielt. Da macht er sich unbeliebt. So einen Prediger empfindet man als unmöglich, überheblich, überflüssig und die Aufforderung zur Bekehrung als Beleidigung. Bekehrung – wozu das? Hab ich das nötig? Ich soll mich ändern?

Das kommt mir doch sehr bekannt vor, auch hier aus diesem Gottesdienst. Wenn's ein paar scharfe Sprüche gibt, das schmeckt euch. Und wenn's hier noch ein paar Heilungen gäbe, da wär' die Bude wieder voll. Aber wenn ich auf das Thema Bekehrung komme, komme ich bei vielen von euch nicht mehr an. Theos Bekehrungsplatte? Nein danke!

Natürlich bin ich dankbar, wenn mich höflicherweise niemand mit Steinen beschmeißt. Aber manchmal wäre mir ein wirklicher Widerspruch lieber als euer freundliches Wiederkommen. Ich hab manchmal den Eindruck, viele von euch sind bekehrungsimmun. Selbst mit den spitzesten Predigten seid ihr nicht mehr zu provozieren, ihr habt euer Herz gegen den Stachel des Evangeliums mit Gewohnheitsspeck abgedichtet. Aber ich glaube weiter unbeirrt, daß Gott die härtesten Panzer um Herzen von Heiden und Christen schmelzen kann wie eine Kinderhand ein Schöller-Eis.

Nicht leicht, sondern Leid

Den Paulus haben sie wegen seiner Bekehrungspredigt gesteinigt, zur Stadt rausgeschleift und auf die Müllkippe geschmissen. Seine Gegner und die Jünger hielten ihn für tot. Aber als die Jünger um ihn rumstehen, rappelt der sich wieder auf. Ich stelle mir das so vor wie beim Fußball. Da liegt manchmal einer wie tot, und du denkst: „Den hat's erwischt, den tragen sie auf der Bahre vom Rasen" – und auf einmal rappelt der sich hoch und rennt wie ein Wiesel über die Wiese.

Paulus steht auf. Aber statt sich gesundpflegen zu lassen, statt sich zumindest aus dem Staub zu machen, marschiert er in die Stadt zurück, wandert am nächsten Tag zur nächsten Stadt, predigt, bekehrt viele Heiden, bestärkt viele Christen und sagt ihnen, Vers 22, daß „wir durch viel Leid in das Reich Gottes gehen müssen".

Und das ist nun das Letzte, was ich euch heute noch sagen muß. Der Weg ins Reich Gottes ist nicht leicht, sondern Leid. Das ist natürlich eine äußerst unpopuläre Äußerung. Wohlstand und Wohlfühlen, das sind die Götzen von heute. Wer das den Leuten verspricht und verschafft, der ist der Größte. Aber leiden – selber leiden, für andere leiden, mit anderen leiden – davon will kein Publikum was hören. Bis in die innersten Reihen der Kirche hinein hat sich das Wohlfühldenken eingeschlichen. Die Devise vieler junger Christen heißt: „Ich mach' nur das, was Spaß macht!" Mit dieser Einstellung machst du Gott bestimmt keinen Spaß. Gerade den Wohlfühlfanatikern und den Wundersüchtigen, die das Leid, auch das Krankheitsleiden, umgehen und die Menschen durch Heilungswunder ins Reich Gottes bringen wollen, muß gesagt werden: „Wir müssen durch viel Leid ins Reich Gottes gehen."
Ich kenne keinen einzigen der Großen im Reich Gottes, der nicht auch hätte leiden müssen, angefangen beim Apostel Paulus über Martin Luther bis zu Martin Luther King, und sogar der Heilungsprediger John Wimber hat ein Augenleiden und muß eine Brille tragen.
Leiden sind normal und gehören zum Christenleben. Wenn wir im Augenblick mal von Gott eine Verschnaufpause geschenkt bekommen und wegen unseres Glaubens nicht zu leiden haben, dann wollen wir dafür dankbar sein. Aber wir sollten nicht so naiv sein zu denken, das würde immer so bleiben. Es bleibt dabei: „Wir müssen durch viel Leid in das Reich Gottes gehen."

Lot

1. Mose 19

8. Dezember 1991

Lot war der Neffe von Abraham, hatte sich von ihm getrennt, hatte in Sodom um Asyl gebeten und war dort seßhaft geworden. Er hatte geheiratet, sich ein Grundstück gekauft, ein Geschäft eröffnet – „Lots Lottostuben" – und lebte nun als friedlicher Bürger mit Häuschen und Garten. An den Schweinereien der Sodomiter hat er sich nicht beteiligt. Er ist nicht dem Sodomitischen Playboyclub beigetreten und hat keine pornographischen Schriften abonniert. Er ist nicht fremdgegangen. Er ist einen eigenen Weg gegangen.
Die Lebensweise der gottlosen Sodomiter lehnte er zwar ab, aber er lehnte sich auch nicht dagegen auf. Er hat nicht direkt mitgemacht, aber er hat auch nicht dagegen protestiert. Er hat ganz einfach zu dem Geist von Sodom, zu dem himmelschreienden Unrecht in dieser Stadt, geschwiegen.

An weiter nichts als nichts denk ich nicht

Martin Luther King hat einmal gesagt: „Wer ein unrechtes System untätig hinnimmt, arbeitet mit diesem System zusammen." In diesem Sinn waren wir alle mehr oder weniger inoffizielle Mitarbeiter der Stasi. Denn die meisten von uns haben meistens geschwiegen, weil sie Angst hatten. Und die wenigen, die das ungerechte System des Stasi-Sozialismus nicht untätig hingenommen haben, haben schwer dafür büßen müssen. Auch Martin Luther King haben seine Überzeugung und sein Handeln sein Leben gekostet. So was wollte Lot lieber vermeiden. Deshalb hielt er die Klappe.
Nun kommt aber im Leben jedes Menschen, der noch so

etwas wie ein Gewissen hat, ein Moment, wo er nicht mehr schweigen kann. Es ergeben sich manchmal plötzlich Situationen, wo man alle Vorsicht, alle Taktik, alle Berechnung sausen läßt. Wo man einfach der Stimme seines Gewissens folgt, ohne nachzudenken, was das für Folgen haben könnte. Wo man das Rechte tut, einfach weil es das Rechte ist.

So eine Situation kommt eines Tages für Lot, und da zeigt sich, daß dieser Mann die Gebote Gottes noch nicht vergessen hat. Das kam so: Eines Abends sitzt er am Stadttor von Sodom, raucht sein Pfeifchen und blinzelt in die untergehende Sonne. Als er so an weiter nichts denkt, da denkt er: „Woran denk ich eigentlich gerade?" – da stehen plötzlich zwei Männer vor ihm, Fremde, offenbar Reisende. Er weiß nicht, wer die beiden sind. Aber er weiß sofort, was die beiden brauchen: ein Nachtquartier. Er kann sich noch gut an die Zeiten erinnern, als er selber noch draußen umherirrte, und er weiß: Außerhalb der Stadtmauern zu übernachten ist nicht nur unbequem, sondern auch gefährlich. Für die beiden Fremden ist also ein Unterschlupf in der Stadt, jetzt, bevor die Nacht anbricht, lebenswichtig. Es ist das einfachste Gebot der Menschlichkeit, den beiden ein Bett anzubieten. Und ohne sich auch nur eine Sekunde zu besinnen, lädt Lot die beiden ein: „Kommt rein, bei mir könnt ihr pennen, und Essen kriegt ihr auch."

Nix ponimai!

Natürlich mußte Lot wissen, daß er damit bei den Bürgern von Sodom aneckte. Eine Einladung an Fremde mußten die als glatte Provokation auffassen. Bei denen war das Wort „Gastfreundschaft" unbekannt. Für Fremde, Herumtreiber, Ausländer, Auswanderer, Asylanten, Andersdenkende, überhaupt für andere Menschen hatte man dort nichts übrig. Sollen die doch zu Hause bleiben! Und wenn sie schon unbedingt in unsere Stadt kommen, dann sollen sie gefälligst selber sehen, wie sie zurechtkommen, was geht uns das an? So dachten die Bürger von Sodom. Und wenn ein Fremder was fragte, sagten sie: „Nix ponimai" – und fertig.

Das kennen wir ja in unseren Städten auch, daß Ausländer kaltschnäuzig abgefertigt werden. Aber Ausländer sind nun mal oft Menschen in Not, jedenfalls sind es Menschen, die unsere Sprache nicht oder nur mangelhaft beherrschen. Ausländer sind ganz besonders darauf angewiesen, daß wir ihnen mit einem bißchen Verständnis und Hilfsbereitschaft entgegenkommen. Wenn uns ein Ausländer in gebrochenem Deutsch nach etwas fragt, dann ist es doch das primitivste Gebot der Menschlichkeit, daß wir versuchen, ihm zu helfen. Und ich finde, wir sollten gar nicht erst warten, bis wir gefragt werden, sondern sollten von uns aus unsere Augen aufsperren, ob uns einer braucht.

Man sieht doch manchmal Ausländer auf der Straße, denen man an der Nasenspitze ansieht, daß die irgendwas suchen und nicht Bescheid wissen. Da kann man ja auch mal von selber hingehen und seine Hilfe anbieten, vielleicht mal zwei Straßenecken mitgehen und den Weg zum Kaufhof zeigen. Aber nein, die Einstellung vieler Bürger ist: „Was wollen die denn hier? Sollen gefälligst zu Hause bleiben. Und wenn sie schon bei uns in der Stadt rumrennen, sollen sie doch selber sehen, wie sie zurechtkommen. Was geht uns das an?"

Nackedeis sind mein Untergang

Lot kann sich an diese ruppige Art nicht gewöhnen. Er macht den Fremdenhaß der Sodomiter einfach nicht mit. Folge: Er zieht sich selber den Haß der Sodomiter zu. Er beugt sich der Diktatur der öffentlichen Meinung nicht, sondern macht mit den Ausländern gemeinsame Sache: „Kommt rein! Ihr seid meine Gäste!"

Als das rauskommt, kommt es zu einem ungeheuren Skan-

dal, ungefähr wie in Hoyerswerda. Wer da in Sodom Beine hatte und wenig Grips unter der Platte, rottete sich randalierend vor Lots Haus zusammen. Randale war angesagt, Pogromstimmung lag in der Luft, heute abend ist Ausländerklatschen. Zum ersten Mal in der Geschichte der Menschheit, wie sie die Bibel beschreibt, brüllt eine Volksmenge: „Ausländer raus!"
Aber bevor ich euch die Sache weiter erzähle, muß ich erst mal sagen, wer die beiden Unbekannten sind. Es handelt sich um die Boten, die Gott geschickt hat, um den Untergang von Sodom anzukündigen und Lot aus der Katastrophe zu retten. Solche Boten Gottes werden in der Bibel, auch hier in unserer Geschichte, als Engel bezeichnet.
Wenn ihr „Engel" hört, denkt ihr natürlich gleich an Mädchen im Nachthemd mit Flügeln und so, wie sie zu Weihnachten scharenweise besonders das deutsche Gemüt bevölkern. Nun gebt's doch zu, daß ihr zu Hause auch auf eurem Fernseher so eine Engelbrigade aufgestellt habt, ordentlich in Reih und Glied, wie es die deutsche Zucht verlangt. Unsere Vorstellung von Engeln ist geprägt von Darstellungen aus der Kunst, wo kleine Nackedeis mit kurzem Hemd und knackigem Po auf Wolkenbänken rumhängen und Flöte spielen.

Keiner versteht mich

Engel sein ist ein harter Job und hat nichts zu tun mit den weichlichen Engelsabbildungen, von denen manche Altäre schamlos überwuchert werden. Und viele Darstellungen von Engeln mit Brigitte-Bardot-Oberweite und Tina-Turner-Popo sind doch nichts als Kirchen-Porno, aber nie im Leben Engel, wie sie die Bibel beschreibt. In der Bibel sind Engel erstens keine Püppchen, sondern Persönlichkeiten, zweitens keine Frauen, sondern Männer.
Hier in unserer Geschichte werden die beiden Männer ausdrücklich als Männer bezeichnet (Vers 10) und demzufolge

auch von Lot mit „Liebe Herren“ (Vers 2) angeredet. Und auch sonst – wo wir in der Bibel Namen von Engeln erfahren, sind die männlich: Michael, Gabriel...
Jedenfalls können Engel so aussehen wie irgendeiner von uns. Gott kann jeden Menschen als Engel, als seinen Boten benutzen, um einem anderen eine Botschaft auszurichten. Ich selber bin in diesem Sinne in meinem Leben mehrmals von Gott so benutzt worden und bin solchen Engeln begegnet.
So fuhr ich zum Beispiel vor ein paar Jahren abends mit meiner Frau aus der Stadt nach Hause. Es war spätabends und finster. Auf der Kreuzung bei der Schloßteichtankstelle stand ein Auto mit Rumänen, die sich offenbar nicht zurechtfanden. Ich also angehalten, gefragt, ob ich helfen kann, aber es war keine Verständigung möglich. Das einzige, was ich verstand: Die wollten raus zur Autobahn. Ich also mit Zeichensprache erklärt: Ich fahre vorneweg, ihr fahrt mir hinterher, ich bringe euch hin.
Kurz vor der Autobahnauffahrt habe ich dann angehalten und versucht, mit der Landkarte zu erklären, welche Auffahrt sie nehmen müssen. Aber wieder keine Verständigung möglich – ich konnte kein Rumänisch, die kein Deutsch.
In diesem Moment taucht aus Nebel und Dunkelheit ein Radfahrer auf. Das war um diese Zeit, nach 22.00 Uhr, schon seltsam genug. Es war ein Radsportler mit so ulkigen Hosen und Schirmmütze, das war um diese Zeit noch seltsamer. Und der fragt: „Kann ich helfen?“ Ich sage: „Nee, außer wenn Sie Rumänisch können.“ Darauf schnattert er rumänisch auf die Rumänen ein, erklärt den Weg, schwingt sich auf sein Rad und verschwindet im Dunkeln.

Ausgebrüdert und zugezogen

Solche Dinger habe ich auf den Straßen unserer Stadt und anderswo erlebt, Engelgeschichten könnte ich euch noch einige erzählen. Gott kann jeden Menschen als Engel, als

seinen Boten, benutzen, ohne daß er es selber weiß, daß er einen Befehl von Gott ausführt, auch ohne daß der andere weiß, daß er es mit einem Engel Gottes zu tun hat. In der Bibel – Hebräer 13,2 – steht: „Vergeßt nicht, gastfrei zu sein. Denn dadurch haben schon manche, ohne es zu wissen, Engel beherbergt."
So ging es dem Lot. Der hatte keine Ahnung, wer die beiden Unbekannten waren. Für ihn waren es einfach zwei Menschen in Not, denen er ein Bett anbot. Dieser einfache Akt der Menschlichkeit erregte nun sofort den Haß der anderen.
Lot war in der Bindung seines Gewissens an Gott der einzige in der ganzen Stadt, der frei war gegenüber dem Terror der öffentlichen Meinung. Er hat als einziger gewagt, sich in einer unmenschlichen Gesellschaft menschlich zu benehmen. Damit hat er die ganze Barbarei der Sodomiter bloßgestellt. Damit weicht er von der offiziellen Linie ab und wird selber zum Volksfeind gestempelt. Denn alles, was Beine hat, Junge und Alte, die gesamte Bevölkerung aus der ganzen Umgebung, marschiert jetzt vor seinem Haus auf und brüllt in Sprechchören: „Ausländer raus!" 1. Mose 19,5: „Raus mit den Männern!"
Solchen randalierenden, durch demagogische Parolen aufgeheizten Massen kann der einzelne weder mit vernünftigen Argumenten noch mit dem Appell der Sachlichkeit begegnen. Lot gibt sich einen Moment der Illusion hin, er könne mit den aufgeputschten Massen verhandeln. Er tritt vor sein Haus und sagt: „Ach, liebe Brüder, treibt's doch nicht so übel!" Aber jetzt hat's sich ausgebrüdert: Die Sodomiter haben klar erkannt, daß der Lot eben doch nicht zu ihnen gehört. Er ist ja selber kein Einheimischer, kein Eingeborener, sondern ein Zugezogener. Und genau das werfen sie ihm vor: „Hau ab, Mann! Du bist hier der einzige Ausländer und willst uns Vorschriften machen? Paß auf, dich machen wir noch mehr fertig als die anderen" (Vers 9).
Eines Tages werden auch die Mitläufer von den gleichen Stiefeln, die sie vorher so eifrig geleckt haben, zurückge-

stoßen. Barbaren vertragen keine Kritik, die wollen nur Beifall. Bert Brecht hat in einer Ballade geschrieben: „Doch zu dem Schmutze eurer schmutzigen Welt gehört – ich weiß es – meine Billigung."

Gott ist ein Witzbold

Die Barbaren von Sodom akzeptierten nur Leute, die ihre Barbarei aktiv unterstützen. Wer nicht mitmacht, wird fertiggemacht. Also stürzen sie sich auf den Lot und wollen ihm an den Kragen, aber in diesem kritischen Moment packen ihn die beiden Boten am Genick, zerren ihn zurück und verrammeln von innen die Tür, während draußen der Pöbel versucht, die Tür mit Gewalt aufzubrechen.
Und jetzt steht hier in der Bibel etwas ganz Merkwürdiges, das muß ich euch vorlesen: „Da schlugen sie (gemeint sind die Engel) die Leute vor der Tür des Hauses, klein und groß, mit Blindheit, so daß sie es aufgaben, die Türe zu finden." Es handelt sich hier um eine ernste Situation, aber ich muß schon sagen, Gott ist manchmal ein Witzbold. Wenn ich mir das plastisch vorstelle, wie die Massen, im wahrsten Sinne des Wortes blind vor Wut, an der Hausmauer langtapsen, sich gegenseitig hinschubsen, an der Tür rumfummeln und nach der Klinke grabschen, ohne sie zu finden – also das finde ich einfach köstlich!
In Psalm 34 steht: „Der Engel Gottes lagert sich um die her, die Gott fürchten, und hilft ihnen." Das hat der Lot erlebt: Weil er Engel in seinem Haus hatte, konnten seine Feinde nicht an ihn ran. Auch das habe ich schon erlebt, z.B. hier in diesem Jugendgottesdienst. Als wir mit dem Gottesdienst in der Schloßkirche anfingen, da kamen Tausende, die Hälfte mußte stehen, die Gänge waren verstopft, keiner konnte sich rühren, es war gefährlich eng im Schiff, aber wir waren glücklich.

Ein Lied zwo drei

Und genau das hat manche geärgert. Es gab eine Menge Leute, denen war der Jugendgottesdienst ein Dorn im Auge. Die störte das, und deshalb wollten die uns stören. Und einmal haben sie sich (ich weiß nicht, wer das war) einen ganz besonderen Gag ausgedacht. Da hat jemand, während wir drin waren, von außen die Türen zugeschlossen. Drin hat das keiner gemerkt, ich selber habe das auch erst hinterher erfahren. Aber ihr könnt euch vielleicht vorstellen, was das für ein Gerangel und eine Katastrophe gegeben hätte, wenn am Ende des Gottesdienstes, wo alle rauswollten, die Türen zugewesen wären.

Waren sie aber nicht, und das kam so: Während des Schlußliedes – „Besser sind wir nicht, aber besser sind wir dran" – kam irgend jemand zu mir und sagte: „Wir haben Lust, noch ein Lied zu singen." Und ganz gegen meine Gewohnheit, mein festes Gottesdienstprogramm nicht zu ändern, habe ich gesagt: „O.k.", und da haben wir noch ein Lied gesungen, das hieß: „Mein Gott lebt." Inzwischen wollten die ersten abrücken, das ging aber nicht, weil die Tür zu war. So wurde das im letzten Moment entdeckt, und dadurch, daß wir noch außerplanmäßig ein Lied sangen, konnten schnell die Schlüssel geholt und aufgeschlossen und eine Katastrophe vermieden werden.

Ich weiß nicht, wer die Idee gehabt hat, zusätzlich noch ein Lied zu singen. Das ist ja auch schnuppe. Ich bin jedenfalls der Meinung: Der, dem Gott diese Idee in die Rübe gegeben hat, ist von Gott als sein Bote benutzt worden, denn mit dieser Idee war er für alle der rettende Engel. Und ihr könnt sicher sein: Auch an der Tür dieser Lutherkirche stehen Gottes Engel und passen auf, daß niemand die Kinder Gottes antasten kann.

Es ist wahr, was die Bibel sagt: „Der Engel Gottes lagert sich um die her, die Gott fürchten, und hilft ihnen." Und es war für mich auch kein Zufall, daß wir ausgerechnet dieses Lied gesungen haben: Mein Gott lebt, mein Gott lebt.

Lange Nacht, ganz unbedacht

Wenn ich euch hier von Gott erzähle, wie er den Lot durch seine Engel geschützt hat, dann wärme ich keine alten Beduinenmärchen auf, sondern ich erzähle euch das deswegen, weil dieser Gott lebt und heute noch genauso handelt wie vor 4000 Jahren.

Und noch etwas möchte ich zum Schluß sagen. Vor 2000 Jahren, da kamen auch zwei Menschen in eine fremde Stadt, die hieß Bethlehem. Niemand in dieser Stadt war bereit, ihnen ein Nachtquartier zu geben. Da mußten sie in einem Stall unterkrauchen, und dort wurde unter unmöglichen Bedingungen ein Kind geboren, von dem die Engel Gottes sagten: Das ist der Sohn Gottes, der Herr.

Und heute, 2000 Jahre später, da geht die Frage an dich: Bist du bereit, Jesus, den Sohn Gottes, als deinen Herrn in dein Leben aufzunehmen? Es war schon immer etwas unpopulär, Gottes Boten aufzunehmen. Für Lot war es die Rettung. Wenn du Jesus aufnimmst, ist das für dich die Rettung.

Ein Großmaul klappt zusammen

Matthäus 26,31-75 12. April 1992

Wer von euch hat wirklich einen festen Standpunkt? Ich wünsche ihn jedem von euch. Jesus ist der sicherste Standpunkt der Welt. Es ist das Beste für dich und dein Leben, wenn du auf Jesus stehst.
Aber ich sage dir: Keiner kann für sich garantieren. Du bist ein junger Mann und sagst heute: „Ich werde nie einen Menschen umbringen." Du bist eine junge Frau und sagst heute: „Ich werde nie ein Kind abtreiben." Du bist ein überzeugter Christ und sagst heute: „Ich werde nie aus der Kirche austreten."
Schön. Ich wünsche dir, daß du dabei bleibst. Ich wünsche dir, daß du fest stehenbleibst bei Jesus und seiner Lehre – egal, was kommt.

Stasisülz

Aber ich sage dir: Es kann auch ganz anders kommen. Du kannst in Situationen kommen, wo dir die Angst die Kehle zuschnürt. Die Angst, deinen Beruf zu verlieren; die Angst deinen guten Ruf zu verlieren; die Angst, dein Leben zu verlieren. Und dann machst du genau das, was du nie für möglich gehalten hättest. Du gibst alles zu oder leugnest alles ab, je nachdem, wie's gerade gewünscht wird.
Du kannst nicht für dich garantieren und gleich gar nicht für einen anderen. Denn du kennst den anderen nicht, du kennst ja dich selber nicht. Solange du nicht auf dem Prüfstand warst, weiß du nicht, was alles in dir steckt.
In unserem Volk haben Hunderttausende von Spitzeln für die Stasi gearbeitet. Die meisten von denen haben auch manchmal den Standpunkt vertreten: Bei der Firma mache ich nie mit. Und dann haben sie doch mitgemacht. Jetzt

will es natürlich wieder mal keiner gewesen sein. Kaum einer meldet sich freiwillig, und die, die erwischt werden, behaupten meistens, sie hätten nur das Gute gewollt. Sie erzählen uns von ihren edlen Motiven, und dieses Gesülze ist noch widerlicher als die ganze Spitzelei.
Ich bin in Sachen Stasi-Mitarbeit für Gerechtigkeit. Das heißt: Solange keine Beweise da sind, bin ich gegen jede Vor-Entschuldigung. Ich kenne einige Leute, von denen ich überzeugt bin, daß sie bei der Stasi mitgemacht haben. Ich kenne einige Leute, von denen ich überzeugt bin, daß sie nicht bei der Stasi mitgemacht haben. Aber ich kenne nur wenige, die so gut sind und die ich so gut kenne, daß ich für sie die Hand ins Feuer legen könnte. Ich wiederhole: Keiner kann für einen anderen, keiner kann für sich garantieren.

Ich geh aus und ihr bleibt da

Einer, der meinte, für sich garantieren zu können, war der Petrus. Er war einer der engsten Freunde von Jesus. Drei Jahre lang war er von früh bis spät mit ihm zusammen. Drei Jahre lang hat er mit ihm die herrlichsten Sachen erlebt. Für ihn war Jesus zum Lebensinhalt geworden.
Eines Tages sagt Jesus zu seinen Freunden: „Ich muß sterben. Morgen werden sie mich kreuzigen, und heute nacht werdet ihr alle an mir irre werden." Darauf Petrus (Vers 33): „Selbst wenn alle anderen an dir irre werden – ich bestimmt nicht." „Täusche dich nicht", antwortet Jesus. „Bevor der Hahn heute nacht kräht, wirst du dreimal behaupten, daß du mich nicht kennst." Da sagte Petrus: „Das werde ich niemals tun, und wenn ich mit dir zusammen sterben müßte." Eine halbe Stunde später stellt sich heraus, daß Petrus nicht mal in der Lage war, mit Jesus zu beten.
Die Sonne geht unter, da brechen sie auf, die Jünger und Jesus, zum Ölberg hinauf. Jesus geht mit seinen Jüngern in

den Garten Gethsemane. Dort ist es dunkel. Dort ist es still. Dort will er sich aufs Sterben vorbereiten.
Vers 36: „Ihr bleibt hier", sagt er zu den Jüngern, „ich gehe ein Stück weiter, um zu beten." Drei Jünger nimmt er mit. Diese drei – einer von ihnen ist Petrus – sind seine besten Freunde. Noch nie hat er sie so gebraucht wie in dieser Nacht, der Nacht vor seinem Tod.
Jesus weiß, daß er sterben muß. Niemand möchte mit 33 Jahren sterben. Erst recht nicht am Kreuz. In Gethsemane kämpft Jesus den härtesten Kampf seines Lebens. Er kämpft darum, sich und seinen Willen dem Willen Gottes zu ergeben. Er soll, so ist es der Wille Gottes, die Sündenlast der ganzen Menschheit auf seine Schultern nehmen und ans Kreuz tragen. Und davor hat er Angst, Todesangst. Vers 36: Er fängt an, am ganzen Leib zu zittern. Lukas 22,40: Er schwitzt Blut vor Angst.
Noch nie haben die Jünger ihn so gesehen. Bisher kannten sie ihn nur als den Wundertäter, den Tröster, den Sieger über Dämonen, den Sohn Gottes, den Herrn der Welt, den Herrn. Und jetzt sehen sie ihn: wie er mühsam lernt, gehorsam zu sein, vor Angst zitternd, verzweifelt, fertig. Jetzt braucht er selber Trost. Jetzt braucht er seine Freunde. Die können ihm zwar auch nicht helfen, die können nicht mal begreifen, was eigentlich los ist, aber eins können sie: bei ihm bleiben. Sie sollen einfach nur dasein.
Vers 38: „Bleibt hier und wacht mit mir." Dann geht er noch ein paar Schritte weiter, wirft sich hin, das Gesicht zur Erde, und betet: „Mein Vater, wenn es möglich ist, laß diesen Leidenskelch an mir vorübergehen, aber es soll geschehen, was du willst, nicht was ich will."

Ach, wir haun uns'n bißchen hin

Als er zu den Jüngern zurückkommt, sind sie eingeschlafen. Jesus kämpft mit Gott um Leben und Tod, und seine Jünger kämpfen mit dem Schlaf. Auch Petrus, der noch vor einer halben Stunde für Jesus sterben wollte, kann nicht mal eine Stunde für ihn wach bleiben. Vers 40: „Da sagte er zu Petrus: Könnt ihr nicht einmal eine einzige Stunde mit mir wach bleiben? Bleibt wach und betet!“ Das ist doch nicht zuviel verlangt! Für Petrus war's zuviel. Ihm fielen die Augen zu. Jesus geht noch zweimal zu Gott, Vers 42: „Mein Vater, wenn es nicht anders sein kann und ich diesen Leidenskelch austrinken muß, dann soll geschehen, was du willst.“ Jedesmal danach findet er seine Jünger schlafend.

Es gibt eben Situationen, in denen man absolut einsam ist. Wir alle werden mindestens eine solche Situation erleben: das ist unsere Todesstunde. In den Todeskampf marschiert jeder für sich allein. Dann verlassen dich dein Arzt, deine Krankenschwester, deine Familie – dann bleibst nur du noch übrig. Du allein.

Aber du wirst auch schon vor deiner Todesstunde solche Situationen erleben, wo du total allein dastehst. Wo dir keiner raten und keiner helfen kann. Wo du einen Schritt ganz allein gehen, eine Entscheidung ganz allein fällen mußt. Eine solche Entscheidung ist z.B. die Entscheidung für Gott. Ich kann dich bestenfalls bis zu dem Punkt führen, wo du vor dieser Entscheidung stehst. Dann muß ich dich allein lassen. Dann mußt du dich allein entscheiden. Das kann ich dir nicht abnehmen. Das kann dir deine gläubige Mutter nicht abnehmen, das kann dir dein Pfarrer nicht abnehmen. Diesen Schritt – in das neue Leben mit Gott – mußt du ganz allein gehen.

Wenn es ums Sterben und wenn es ums Leben geht, bist du allein. Beides – das Sterben und das Leben – geht nur gut, wenn du dann sagen kannst: „Vater, dein Wille geschehe.“

Mein Freund, der Spitzel

Nachdem Jesus das zum dritten Mal gebetet hat, findet er seine Jünger wieder schlafend. Er macht sie munter, Vers 45: „Es ist soweit! Steht auf! Der Verräter ist da." Und noch während er das sagt, kommen sie zum Garten herein, eine ganze Truppe mit Schwertern und Fackeln wie bei der Großfahndung nach einem Schwerverbrecher. An ihrer Spitze geht Judas! Auch er war ein Jünger von Jesus. Auch er hat drei Jahre mit ihm gelebt. Aber er hat ihn für 30 Silbermünzen an seine Mörder verraten.
So ist es geblieben bis zum heutigen Tage. Der Verräter, der Judas, kommt immer aus den eigenen Reihen. Der Spitzel kommt immer aus dem allerengsten Freundeskreis. Der, den du liebst wie deinen eigenen Sohn, dem du vertraust, mit dem du alles besprichst und alles teilst, der ist es, der dich ans Messer liefert.
Der körperliche Schmerz für Jesus bei der Folterung und Kreuzigung war grausam genug, aber ich glaube, mindestens ebenso grausam war der seelische Schmerz, als er sehen mußte, wie ihn seine eigenen Freunde einer nach dem anderen verließen, verrieten und verleugneten. Und dieses Leiden ist ja leider kein abgeschlossenes Kapitel aus der Passionsgeschichte, sondern daran leidet er noch heute: wenn er sieht, wie wir ihn verleugnen. Wie wir so tun, als hätten wir nichts mit ihm zu tun, wie wir ihm davonlaufen, bei seinen Gegnern mitlaufen und mitmachen.

Eine ziemlich miese Figur

Judas hatte mit dem Überfallkommando ein Zeichen ausgemacht: „Der, den ich küsse, ist es. Den müßt ihr greifen." Und so tänzelt er auf Jesus zu mit den Worten: „Gegrüßt seist du, Rabbi", und gibt ihm einen Kuß. Diese Judasküsse zwischen Verrätern und ihren Opfern sind widerlich. Ins Gesicht hätte Jesus dem Verräter spucken müssen, aber er – ich bewundere ihn – bleibt freundlich und redet ihn an mit den Worten: „Mein Freund." Aber da ist auch schon alles gelaufen. Jesus wird gepackt und verhaftet, und ab geht's.

In dieser Szene geben die Jünger alle eine miese Figur ab. Judas entpuppt sich als gemeiner Verräter, die anderen als gewöhnliche Feiglinge. Keiner sagt einen Mucks. Der einzige Großartige ist Petrus. Der kommt jetzt noch mal ganz groß raus. Bis jetzt hat er noch nichts weiter gemacht als Sprüche geklopft und gepennt. Aber jetzt, wo eine Keilerei in der Luft liegt, da wird er munter. Eine Stunde Beten – das hatte er nicht drauf. Aber einem Bullen eins auf den Hut hauen, das ist seine Welt, da ist der Petrus dicke da. Während er sich noch mit der linken Hand den Schlaf aus den Augen wischt, hat er schon mit den rechten sein Schwert gezogen. Aber weil er eben noch nicht ganz wach ist, haut er daneben und säbelt einem Soldaten ein Ohr ab. Das abbe Ohr fledert wie eine fliegende Untertasse im hohen Bogen durch die Luft und landet weich im Gras, da liegt es nun wie ein verschrumpelter Steinpilz. Irgendwie ein bißchen peinlich, das Ganze, aber immerhin – es spritzt Blut, es geschieht doch was – Action. Petrus ist der absolute Held. Stolzer Blick in Richtung Jesus: „Auf mich kannst du dich eben verlassen."

Aber dann steht er plötzlich da wie ein dummer Junge, der im Übereifer eine Scheibe eingeschmissen hat. Denn statt ihn für seine ohrenbetäubende Heldentat zu loben, winkt Jesus ab und pfeift ihn verärgert zurück. Vers 52: „Steck dein Schwert ein. Denn wer das Schwert nimmt, soll auch durch das Schwert umkommen."

Dann wendet sich Jesus an die Männer, die ihn verhaftet haben, und diesen Moment nutzen die Jünger, um abzuhauen. Die hauen einfach ab! Vers 56: „Da verließen ihn alle seine Jünger und flohen." Alle!

Am Feuerchen zum Feierabend

Das muß einer der niederschmetterndsten Momente in der Leidensgeschichte von Jesus gewesen sein. Sie verließen ihn alle. Von diesen Jüngern ist Jesus verraten und verkauft. Mit solchen Jüngern kann Jesus keinen Staat machen. Aber mit solchen Jüngern baut er seine Kirche.
Er wird abgeführt, anschließend sofort verhört. Es treten falsche Zeugen auf, schließlich kommen sie zur Hauptsache. Sie fragen ihn: „Bist du der Sohn Gottes?" Jesus antwortet, Vers 64: „‚Ja. Und ich sage euch: von jetzt an werdet ihr sehen, wie der Menschensohn an der rechten Seite des Allmächtigen sitzt und wie er auf den Wolken des Himmels wiederkommt.' Als der oberste Priester das hörte, zerriß er sein Gewand und sagte: ‚Das ist eine Gotteslästerung! Wie lautet euer Urteil?' Sie riefen: ‚Er hat den Tod verdient.' Dann spuckten sie ihm ins Gesicht und ohrfeigten ihn."
Das alles hört der Petrus mit. Er ist Jesus hinterhergeschlichen, und während in der offenen Halle des hohenpriesterlichen Palastes das Verhör stattfindet, treibt er sich nebenan im Hof herum, wo die Wachmannschaften mit ihren Frauen ihren Feierabend verbringen. Sie haben sich ein Feuerchen angezündet und sitzen im Kreis zusammen, erzählen sich was, und Petrus setzt sich dazu.

Heiße Sache!

Das ist natürlich stark. Aber als einer mit seinem Bajonett im Feuer stochert und die Flamme hell auflodert, kommt gerade die Reinemachefrau runter, die ihren Kübel in die Mülltonne bringen will, sieht noch mal genau hin und sagt vor allen Leuten zu ihm (vgl. Mk. 14,66ff): „Und du warst auch zusammen mit Jesus von Nazareth." Er leugnet fließend: „Ich kenne ihn nicht, ich weiß überhaupt nicht, wovon du redest." Es wird ihm aber doch der Boden ein bißchen zu heiß dort am Feuer, und er verdrückt sich nach

draußen in den Vorhof. Dort erwischt ihn ein anderes Mädchen und fängt noch mal an, diesmal zu allen, die dabeistehen: „Der gehört doch auch dazu." Petrus leugnet und sagt: „Ich schwöre, ich kenne diesen Mann überhaupt nicht." Eine Weile hat er Ruhe. Die Sache scheint überstanden. Da fängt plötzlich wieder einer an: „Du kannst es doch nicht abstreiten. Du gehörst auch dazu. Du bist doch aus Galiläa, das hört man ja an deiner Sprache."
Da vergißt Petrus, daß er drei Jahre lang bei Jesus in die Schule gegangen ist. Er fällt wieder zurück in den rüden Ton des Fischers, fängt an, sich zu verfluchen und zu schwören: „Gottverdammich, ich kenne den Mann überhaupt nicht, von dem ihr redet."
In diesem Moment kräht der Hahn. Da fällt Petrus ein, daß Jesus zu ihm gesagt hat: „Ehe der Hahn kräht, wirst du mich dreimal verleugnen." In diesem Moment dreht Jesus sich um und sieht Petrus an. Ihre Blicke begegnen sich. Da bricht Petrus zusammen. Er geht hinaus und weint.
Solange Petrus mit sich allein ist und nur darauf sieht, wie er mit dem Rücken an die Wand kommt, erkennt er seine Schuld nicht. Erst in dem Augenblick, wo sein Blick dem Blick von Jesus begegnet, wo er mit dem Sündlosen, Reinen, Göttlichen konfrontiert wird, erkennt er seine Gemeinheit, Unwürdigkeit, Schwäche.

Dein Gewissen ist dein Bier

Der Blick von Jesus wird Petrus zur Rettung. Er bereut, kehrt um, er tut Buße, er erkennt seine Schuld. Auch Judas, der Verräter, bereut. Als er sieht, daß sein Verrat zum Tode von Jesus führt, schlägt ihm sein Gewissen. Aber um seine Schuld loszuwerden, wendet er sich an die falsche Adresse. Er geht zum Hohen Rat, für den er als Spitzel gearbeitet hat, er will das Geld zurückgeben und sagt: „Was ich gemacht habe, war falsch."
Aber die Verführer interessieren nicht die Gewissensqualen

der Verführten. Denen ist doch egal, was aus einem wird, den sie zum Verrat an Jesus verführt und zum Spitzeldienst bestochen haben: Ob der daran kaputtgeht – was geht es uns an? Wir haben ein reelles Geschäft gemacht: Du hast uns mit Informationen versorgt, wir haben dich dafür bezahlt. Dein Gewissen ist uns schnuppe, das ist dein Bier. Kapitel 27, Vers 4: „Sie sprachen: Was geht uns das an? Da sieh du selber zu."

Judas begeht tatsächlich den Fehler, auf diesen zynischen Rat zu hören: sieh selber zu. Er versucht, mit sich selber ins reine zu kommen, allein mit seinem Gewissenskonflikt fertig zu werden. Er wirft das Geld, für das er Jesus verkauft hat, einfach in den Tempel. Aber so einfach kann man seine Schuld nicht loswerden. Die meisten sündigen, weil sie denken: Wenn ich das Verbotene habe, bin ich glücklich. Es ist aber genau das Gegenteil der Fall. Judas haßt das Geld, für das er Jesus verkauft hat. Eines Tages stinkt dich das an, was du durch deine Sünde erreicht hast, du möchtest es loswerden, aber es geht nicht. Es klebt an dir fest. Deine Schuld klebt an dir. Sie gehört zu deinem Leben.

Es gibt nur einen, der dir deine Schuld abnimmt, das ist Jesus. Es gibt nur ein Mittel, das deine Schuld wegnimmt, das ist das Blut von Jesus. „Das Blut Jesu Christi macht uns frei von aller Schuld", so steht es in der Bibel. Darauf kannst du dich verlassen, darauf kannst du dich berufen.

Judas endet logisch

Für alle Versager, die mal gestolpert sind, die in den Dreck geflogen sind, die wieder sauber werden möchten, ist das der große Trost. Das Trostlose der Geschichte von Judas ist, daß es zwischen ihm und Jesus keine Verbindung mehr gibt. Ihre Blicke begegnen sich nicht wieder. Judas bleibt mit seiner Schuld allein. Er stellt sich Jesus nicht mehr. Er weicht aus. Weicht schließlich aus in den Tod – er begeht Selbstmord.

Das ist das logische Ende von denen, die Jesus verraten – die ihre eigene Schuld vielleicht vor sich selber oder sogar vor anderen eingestehen, aber nicht vor Gott, und die deshalb an ihrer Schuld zugrunde gehen. Schuld, die nicht vor Gott bekannt wird, die nicht von Gott vergeben wird, macht dich kaputt. Aber gerade deshalb ist ja Jesus ans Kreuz gegangen, damit keiner mehr an seiner Schuld kaputtgehen muß.
Und wenn du vor Gott schuldig geworden bist, wenn du versagt hast, und wenn du bei der Stasi warst, dann komm und bekenne deine Schuld. Laß sie dir vergeben. Du brauchst nicht kaputtzugehen wie Judas. Du kannst neu anfangen wie Petrus. Er ist der Beweis, daß Jesus die Versager nicht kaputtmacht, sondern, wenn sie bereuen, zu neuen Menschen macht!

Drei Fehler – weg ist Petri Heil

Die Frage ist jetzt bloß noch: wie kannst du vermeiden, ein Versager zu werden? Wie konnte es überhaupt dazu kommen, daß aus Petrus so ein Versager wurde? Dafür gibt es drei Gründe:
Er hielt sich für stärker, als er war. Er hielt sich für so klasse, daß er es für ausgeschlossen hielt, er könnte auch mal schwach werden, einen Fehler machen, versagen. „Ich? Sie wissen wohl nicht, wer ich bin? Ich bin der Petrus, die Säule der Gemeinde, die rechte Hand vom Chef, der persönliche Referent von Jesus – ich ihn verleugnen? Den anderen, die ihm nicht so nahestehen wie ich, traue ich das zu. Mir kann so was nicht passieren."
Solche Klasse-Christen rennen heutzutage auch zuhauf herum. Die denken : „Ich bin bekehrt, aber ob eure Bekehrung echt ist, möchte ich doch bezweifeln. Ich bin frei von Gebundenheiten, aber ihr hängt ja noch an der Zigarette, ihr seid ja noch keine richtigen Christen. Ich habe die Geisttaufe, ätsch, und ihr nicht!"

Das Beste, was solchen De-luxe-Christen passieren kann, ist, daß sie mal so richtig auf die Schnauze fliegen, damit sie begreifen, daß sie Sünder sind. Abhängig von der Gnade Gottes, angewiesen auf seine Vergebung.
Petrus hatte sich überschätzt und zweitens den Feind unterschätzt. Der Feind, der Teufel, ist immer da. Das hatte Petrus vergessen. Und deswegen hielt er es auch nicht für nötig, sich auf einen Angriff des Teufels vorzubereiten.
Jesus hatte ihn extra gewarnt, Vers 41: „Bleibt wach und betet, damit ihr in der kommenden Prüfung nicht versagt." Petrus hatte keine Lust zum Beten. Der pennte lieber, weil er sich sagte: „Das schaff ich schon so." So wie viele von euch lieber pennen, statt früh zu beten, weil ihr euch sagt: „Das schaff ich auch so." Ihr schusselt in den Tag rein, ohne mit eurem Gott gesprochen zu haben, und dann wundert ihr euch über eure Pleiten, daß ihr die falschen Entscheidungen trefft, die falschen Antworten gebt, die falschen Dinge tut. Und das alles, weil ihr euch nicht vorbereitet, weil ihr euch nicht Gottes Anweisungen holt, bevor es losgeht.
Und damit sind wir schon beim dritten Grund für das Versagen des Petrus: Ohne eine Anweisung von Jesus zu haben, hatte er sich auf einen falschen Boden begeben. Er betritt den Hof der Wachmannschaften, wo die sitzen, die morgen nachmittag Dienst auf der Hinrichtungsstätte haben. Petrus mischt sich unter die Mörder seines Herrn. Das Ganze wirkt wie eine Filmszene aus Hollywood. Leutnant Peter schleicht sich ins Hauptquartier der Gangsterbande, um seinen gekidnapten Boß zu befreien. Das wirkt natürlich mächtig mutig, ist aber pure Vermessenheit. Sich unter heidnischen Soldaten und Folterknechten als Jünger von Jesus zu bewähren, das kann man nur, wenn Gott einem dazu den Auftrag gegeben hat. Sonst bleibt man lieber weg. Überlege dir gut, ob du es dir als Christ leisten kannst, bestimmte Plätze aufzusuchen, an denen du nichts zu suchen hast.

Vergiß das nie

Das Feuer im Palasthof war kein Platz für Petrus. Vollmundig hat er behauptet, er könne für sich die Hand ins Feuer legen. Er hat mit dem Feuer gespielt und sich dabei die Finger verbrannt. Denn wer sich in Gefahr begibt, kommt darin um. So wurde Petrus zum Versager und Verleugner.
Das alles hat Jesus schon vorher gewußt. Er wußte, daß ihn die Jünger im Augenblick der größten Not im Stich lassen würden. Er wußte, daß sie, um ihr Leben zu retten, abhauen und ihn verraten würden. Er wußte, was für miese Versager seine Jünger waren. Und trotzdem hat er sie nicht verurteilt. Er hat sie nicht verachtet, sondern er hat sie geliebt, unbeirrbar geliebt. Darin besteht seine Größe: Er kennt die Menschen von ihrer schlechtesten Seite und hat sie doch lieb.
Er kennt uns von unserer schlechtesten Seite und hat uns doch lieb. Er kennt dich von deiner schlechtesten Seite. Er kennt deine Schwachheit. Er kennt deine Feigheit. Er weiß, daß du mit Sicherheit Fehler machst, daß du sündigen wirst. Und er liebt dich trotzdem. Vergiß das nie: Er liebt dich trotzdem.